중국어 말하기 시험

TSC

시험공략

국립중앙도서관 출판시도서목록(CIP)

국립중앙도서관 출판시도서목록(CIP)

(중국어 말하기 시험) TSC 시험공략 = Test of spoken chinese / 지은이: 현영,
박진희. ― 서울 : 이씨케이교육, 2013
  202p. ;   188 * 257 cm

TSC는 "Test of Spoken Chinese"의 약어임
본문은 한국어, 중국어가 혼합수록됨
ISBN 978-89-92281-19-5 13720 : \15000

중국어 회화[中國語會話]
수험서[受驗書]

727.5077-KDC5
495.18-DDC21   CIP2013017077

중국어 말하기 시험

Test of Spoken Chinese

TSC

시험공략

현영 · 박진희 지음

최근 급성장하고 있는 중국에 관한 관심이 높아지면서 중국어에 관한 관심도 점점 높아지고, 중국어 학습자의 수도 급증하고 있습니다. 이러한 사회 변화에 따라 시중에 중국어 학습과 관련된 책들이 다양한 형태로 출간되어 학습자들은 보다 양질의 교재를 쉽게 접할 수 있게 되었습니다.

본서의 두 저자는 오랫동안 중국어 강의 현장에서 서로 다른 환경에서 중국어 학습을 필요로 하는 수많은 중국어 학습자들과 함께 소통하며 집필의 완성도를 높이고자 하였습니다. 또 집필하는 데 있어 중국어 기초 학습자들이 어법을 먼저 배우면서 글을 동시에 배우는 읽기, 쓰기 통합 학습 방법이 우선시되는 한국의 외국어 학습 환경을 고려하였습니다.

이와 같은 한국의 외국어 학습 환경을 고려하여 본 서의 전체적인 구성은 다음과 같습니다. 우선, 중국어로 사고할 수 있는 길잡이 역할을 하는 어법 순서를 중심으로 예문과 함께 제시하였습니다. 이는 어법 순서와 그에 따른 예문을 통해 다양한 문형 연습을 할 수 있게 하기 위함입니다. 또, TSC 문제 유형을 분석하여 각 파트 별로 주제를 선정하여 그와 관련된 다양한 문제들과 답변들로 구성하였습니다. 문제의 다양화는 TSC를 준비하는 학습자들로 하여금 예상할 수 있는 시험 내용을 충분히 접할 수 있게 하기 위함이며, 각 문항별 다양한 답변을 제시한 것은 실제 생활에서도 즉각 활용 가능한 이야기를 할 수 있는 해답으로 제시하고자 한 것입니다.

끝으로 저희 두 저자에게 먼저 손을 내밀어 여러 중국어 학습자들에게 도움을 줄 수 있는 책을 만들어 보자고 제안해 주신 ECK 임승빈 실장님께 감사드리며, 집필하는 과정에서 여러모로 조언을 아끼지 않으셨던 가족, 교수님, 친구들에게도 다시 한번 고개 숙여 감사함을 전합니다

ECK 교육 / TSC 시험 공략 저자 **현 영**

중국어 말하기 시험 TSC Test of Spoken Chinese

01. TSC 시험이란?

TSC (Test of Spoken Chinese)시험은 중국어 말하기능력시험으로 중국인과의 다양하고 효과적인 의사소통능력을 평가하는 시험입니다. 중국은 역사적, 문화적으로 한국과 밀접한 관계를 맺고 있을 뿐만 아니라 앞으로 세계 무대에서 정치, 경제적으로 중요한 위치를 차지하게 될 것입니다. 또한, 한국과의 교류도 한층 심화할 것이기 때문에 중국어 의사소통능력 역시 보다 중요해질 것입니다. 본 시험은 이 점에 착안하여 응시자의 중국어 말하기 능력을 다각도로 측정하는 시험입니다.

02. TSC 시험의 특징

1. CBT(Computer Based Test)와 MBT(Mobile Based Test) 방식이 있습니다.
본 시험은 마이크가 장착된 헤드셋을 컴퓨터에 연결하여 진행되는 CBT 방식과 컴퓨터 시설이 없는 장소에서는 시행하는 MBT 방식으로 운영되고 있습니다

2. 일상생활과 업무에 필요한 의사소통 능력을 평가
일상생활과 업무 중에 맞닥뜨릴 수 있는 상황을 소재로 한 문답 형식으로 중국어 커뮤니케이션 능력을 측정합니다.

3. 다양한 형식과 구성
자기소개, 질의응답, 짧은 문답, 의견 제시, 상황대응, 스토리 구성 등 다양한 형식으로 쉬운 회화부터 시작하여 점차 어려워지는 구조로 이루어져 있습니다.

4. Multiple Rating(다면평가)으로 평가의 객관성을 확보
채점은 전문적인 원어민 평가단에 의해 이루어지며, Multiple Rating 시스템으로 평가의 객관성을 확보했습니다.

5. 결과는 Level 1부터 Level 10까지 총 10단계로 표시
시험 결과는 Level 1부터 Level 10까지 10단계로 구분되며 문법, 어휘, 발음, 유창성 등으로 평가하고 분석표를 제공합니다.

03. 시험일정 안내

1. 정기시험

- 접수 대상 : 제한 없음
- 접수 방법 : 인터넷 접수 www.ybmtsc.co.kr
- 정기시험 일정은 홈페이지 www.ybmtsc.co.kr을 참고하십시오

2. 특별시험

각 기업체 공공 단체의 필요에 의해 수시로 시행되는 시험으로 평가 방법은 정기시험과 동일합니다.
- 문의 : TSC 사무국(02-2280-7232~3)

04. 구성 및 레벨

1. 구성

구분	구성	생각할 시간	답변시간	문항 수
제1부분	**自我介绍** 간단한 자기소개	0초	10초	4
제2부분	**看图回答** 제시된 그림에 맞게 대답하기	3초	6초	4
제3부분	**快速回答** 일상생활과 관련된 화제에 대한 대화 완성하기	2초	15초	5
제4부분	**简短回答** 일상적인 화제에 대해 간단하게 설명하기	15초	25초	5
제5부분	**拓展回答** 의견과 상황을 묻는 말에 논리적으로 대답하기	30초	50초	4
제6부분	**情景应对** 주어진 상황에 적절히 대응하여 답하기	30초	40초	3
제7부분	**看图说话** 4개의 연속된 그림을 보고 스토리 구성하기	30초	90초	1

2. 평가

LEVEL	회화 수준
LEVEL1	간단한 인사와 자기소개를 할 수 있다.
LEVEL2	짧은 어구를 이용하고 한정된 단어로 간단한 의사소통할 수 있다.
LEVEL3	개인적인 질문을 이해하고 간단한 대답을 할 수 있다.
LEVEL4	일상적인 화제에 대해 기본적인 의사소통을 할 수 있다.
LEVEL5	일상생활에 문제가 없고 일반적인 주제에 대해 간단한 설명을 할 수 있다.
LEVEL6	다양한 상황에 대해 유창하지 않지만, 효과적인 의사소통을 할 수 있다.
LEVEL7	대부분 화제에 대해 효과적으로 의사소통할 수 있다.
LEVEL8	사회문제를 포함한 광범위한 주제에 대해 설득력 있게 의사 전달을 할 수 있다.
LEVEL9	중국인과의 회의, 학술 발표 등 전문적인 분야에서도 논리적인 문장을 구성할 수 있다.
LEVEL10	중국인 수준의 자연스럽고 정확한 문장을 구성할 수 있다.

01 중국어 발음 기초다지기 +

⊙ 한어병음이란?

중국어는 뜻 문자이므로 중국의 한자(글)가 음을 나타낼 수 없어서, 각 한자의 음을 표기하기 위해 알파벳 로마자를 사용해 만들어지게 된 발음 표기법이 바로 '한어병음'이다.

⊙ 병음의 구성

병음은 성모, 운모, 성조로 구성되어 있다. 성모는 우리말의 자음과 운모는 우리말의 모음과 비슷하다. 성모와 운모가 결합하여 하나의 음절을 이루고 여기에 음의 높낮이를 나타내는 성조가 더해진다.

(1) 성모

b	p	m	f	d	t	n	l			
g	k	h								
j	q	x								
z	c	s	zh	ch	sh	r				

(2) 운모

a	o	e	er	i	-i(zi)	-i(zhi)	u	ü			
ai	ei	ao	ou	an	en	ang	eng	ong			
ia	ie	iao	iou(iu)	ian	in	iang	ing	iong	üe	üan	ün
ua	uo	uai	uei(ui)	uan	uen(un)	uang	ueng				

성조란 음절에서 음의 높낮이를 말한다. 중국어 표준어에는 4개의 기본 성조와 성조가 붙지 않는 '경성'이 있다. **같은 발음이라도 성조가 다르면 그 의미도 달라진다.**

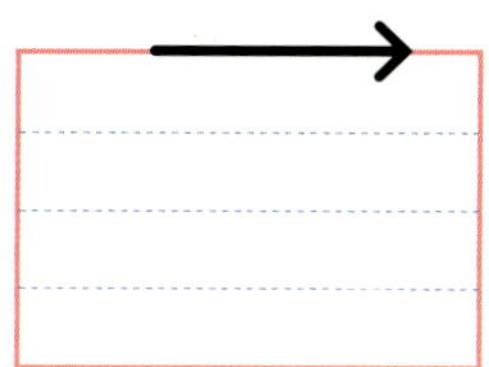

1성

높고 평평하게 끝까지 유지한다. '산토끼 토끼야'의 '산~~'에 해당하는 '레미파솔'의 '솔'에 해당하는 음이다.

妈妈 mā ma	咖啡 kā fēi

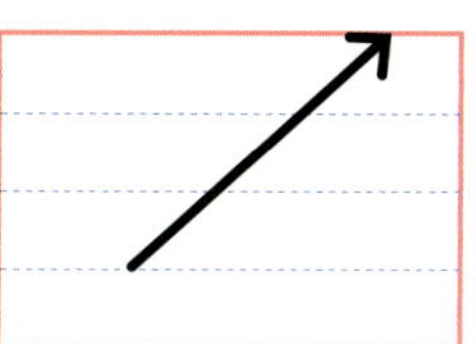

2성

중간 음에서 높은 음으로 부드럽게 올린다. '미'의 높이에서 짧고 빠르게 '솔'의 음까지 치고 올라가며 뒤쪽에 힘을 더 넣는다. 누군가 무엇을 물어볼 때 '뭐~?'라고 하는 소리와 비슷하다.

韩国 Hán guó	回来 huí lái

중간 음에서 밑으로 내렸다가 다시 위로 올린다. '레'의 음높이에서 한숨을 내쉬며 '도'의 음높이로 내렸다가 잠깐 멈추었다가 단숨에 '파'의 음높이까지 자연스럽게 살짝 올려준다. 무언가를 깨달았을 때 '아하~그렇구나!'할 때 '아하~'라고 하는 소리와 비슷하다.

mǎ 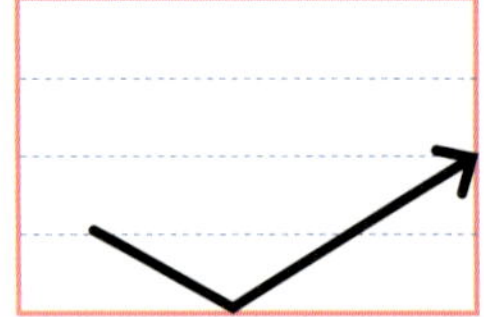

老虎 lǎo hǔ   很好 hěn hǎo

위에서 밑으로 뚝 떨어진다. '솔'의 음높이에서 낮은 '도'의 음높이까지 짧고 빠르게 뚝 떨어진다. 누군가 뒤에서 툭 쳤을 때 놀라서 '아!'할 때의 소리와 비슷하다.

mà 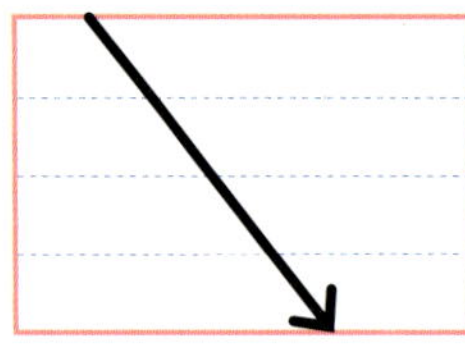

进去 jìn qù   兴趣 xìng qù

가볍고 짧게 발음하는 음. 경성의 높이는 앞 음절의 성조에 따라 변하며, 성조 표시를 하지 않는다.

妈妈 mā ma   爷爷 yé ye   奶奶 nǎi nai   妹妹 mèi mei

⊙ 성조의 변화

3성의 변화

• 3성이 연속으로 나올 때 앞의 3성은 2성으로 발음한다.

<table>
<tr><td>老虎 lǎo hǔ</td><td>></td><td>láo hǔ</td></tr>
<tr><td>我买 wǒ mǎi</td><td></td><td>wó mǎi</td></tr>
</table>

• 3성 뒤에 1, 2, 4성 그리고 경성이 올 때 앞의 3성은 밑으로 뚝 떨어지기만 하는 반3성으로 발음한다.

我喝 wǒ hē	我看 wǒ kàn	我来 wǒ lái	我的 wǒ de

不의 성조 변화

• 不가 1, 2, 3성 앞에 올 때는 그냥 원래의 4성으로 발음한다.

<table>
<tr><td>不听 bù tīng</td><td rowspan="3">></td><td>bù tīng</td></tr>
<tr><td>不学 bù xué</td><td>bù xué</td></tr>
<tr><td>不写 bù xiě</td><td>bù xiě</td></tr>
</table>

• 不가 4성 앞에 올 때 2성으로 성조가 변한다.

<table>
<tr><td>不看 bù kàn</td><td rowspan="2">></td><td>bú kàn</td></tr>
<tr><td>不辣 bù là</td><td>bú là</td></tr>
</table>

一의 성조 변화

• '一'가 아라비아 숫자나 서수로 쓰일 때는 성조가 변하지 않고 원래의 1성으로 발음한다.

1,2,3…… yī èr sān ……

第一课 dì yī kè

- '一'가 단어 뒷부분에 올 때는 무조건 본래 **1성**으로 발음한다.

万一 wàn yī   唯一 wéi yī

- '一'는 **1, 2, 3성** 앞에서 성조가 **4성**으로 변한다.

一杯 yī bēi   yì bēi
一台 yī tái   yì tái
一本 yī běn   yì běn

- '一'는 **4성** 앞에서 성조가 **2성**으로 변한다.

一个 yī gè   yí gè
一遍 yī biàn   yí biàn

⊙ '儿化'

- 'er'은 종종 다른 운모와 결합하여 그 운모를 '儿化' 운모로 만든다.
  儿를 표기할 때에는 원래 운모의 뒤에 -r을 붙인다. 혀끝을 살짝 말아서 발음한다.

花儿 huār   玩儿 wánr

⊙ 주의해야 할 발음

- 'e'운모가 ie나 üe의 경우처럼 i나 ü의 뒤에 놓이는 경우 [ɛ](에)로 발음된다.

谢谢 xiè xiè   学习 xué xí

- 'ian' 가운데 모음인 'a'는 [ɛ]로 발음되며 '이안'으로 발음하지 않도록 주의해야 한다.

再见 zài jiàn   现在 xiàn zài

- 'üan'의 가운데 발음 'a'도 마찬가지로 [ɛ]로 발음된다.
  Ü를 발음할 때에는 입모양이 움직이지 않도록 주의해야 한다.

美元 měi yuán	选手 xuǎn shǒu

- 'i'는 z, c, s, zh, ch, sh, r의 뒤에서는 'ㅡ'로 발음이 되고 다른 성모 뒤에서는 'l'로 발음된다.

时间 shí jiān	知道 zhī dào	日本 rì běn
机会 jī huì	日期 rì qī	紫色 zǐ sè

⊙ 성조 발음 연습하기

	1성	2성	3성	4성	경성
1성	飞机 fēi jī 春天 chūn tiān	八楼 bā lóu 公园 gōng yuán	身体 shēn tǐ 开始 kāi shǐ	商店 shāng diàn 音乐 yīn yuè	衣服 yī fu 休息 xiū xi
2성	明天 míng tiān 时间 shí jiān	同学 tóng xué 银行 yín háng	苹果 píng guǒ 没有 méi yǒu	学院 xué yuàn 国际 guó jì	橘子 jú zǐ 什么 shén me
3성	老师 lǎo shī 每天 měi tiān	旅行 lǚ xíng 起床 qǐ chuáng	海水 hǎi shuǐ 永远 yǒng yuǎn	考试 kǎo shì 马路 mǎ lù	喜欢 xǐ huan 饺子 jiǎo zi
4성	汽车 qì chē 后天 hòu tiān	复习 fù xí 问题 wèn tí	报纸 bào zhǐ 汉语 hàn yǔ	世界 shì jiè 再见 zài jiàn	柿子 shì zi 弟弟 dì di

02 중국어 어법 기초더하기 +

01 이합사 (离合词)

동사 + 목적어 = 이합사

* 이합동사란?

동사 성분과 목적어 성분이 만나 좋은 단짝이 되어 이루어진 동사들을 '이합동사'라고 합니다. 이합동사는 앞에서 말했듯이 동사와 목적어 형식으로 이루어지기 때문에 동사라고는 하지만 **목적어를 더 이상 이어서 쓸 수 없습니다.**

* 자주 사용하는 이합동사

帮忙 (bāngmáng) 돕다	睡觉 (shuìjiào) 잠자다	唱歌儿 (chànggēr) 노래부르다
分手 (fēnshǒu) 헤어지다	散步 (sànbù) 산책하다	聊天儿 (liáotiānr) 한담하다
跳舞 (tiàowǔ) 춤추다	请客 (qǐngkè) 한턱내다	结婚 (jiéhūn) 결혼하다
毕业 (bìyè) 졸업하다	洗澡 (xǐzǎo) 목욕하다	见面 (jiànmiàn) 만나다

(1) 이합동사로 문장 만들기

① 동작의 상태를 나타내는 동태조사 了、着、过는 동사 성분 뒤, 목적어 성분 앞에 놓아주세요~!

동사 + 了、着、过 + 목적어

ex 我跟他见过面。
爸爸唱了一首韩国歌儿。

② 시간의 양과 동작의 횟수를 나타내는 보어는 동사 성분 뒤, 목적어 성분 앞에 놓아주세요~!

동사 + 了、着、过 + 시량보어 + 목적어

ex 妹妹跳了一个小时舞。
金代理请了一个星期假。

동사 + 了、着、过 + 동량보어 + 목적어

ex 她离了一次婚。
我帮过三次他的忙。

(2) 이합사의 부정문 만들기

① 이합동사는 주로 동태조사와 함께 사용되어 **不가 아닌 没로 부정**문을 만듭니다.

주어 + 没 + 동사 + 了、着、过 + 목적어 + (呢)

ex 他没游过泳呢。
小东没听着歌儿聊天儿呢。
小丽没跟她的男朋友分手呢。

TIP 어기조사는, 문장 끝에 써서 완곡한 뉘앙스를 만들어낼 수 있습니다. 따라서 어기조사는 문장 끝에 반드시 쓰지 않아도 됩니다.

02 중첩 (重叠)

중국어에서의 중첩에는 동사의 중첩, 형용사의 중첩, 명사의 중첩, 양사의 중첩 등이 있지만 주로 **동사의 중첩**과 **형용사의 중첩**이 사용됩니다.

* 동사 중첩 방법

중국어에서 동사의 중첩은 한 동사를 반복해서 **사용하면서 동작이 짧거나 가벼우며, 시도의 의미를 나타냅니다.**

(1) 동사 중첩 방법

	A	AA	A—A	A了A
1음절동사	听 想	听听 想想	听一听 想一想	听了听 想了想

	ABAB	AB了AB
2음절동사	休息休息 研究研究	休息了休息 研究了研究

단, 모든 동사에 대해서 중첩하여 사용할 수 있는 것은 아닙니다.
심리동사(喜欢、爱、怕…), 소유동사(在、有、是…), 연동문과 겸어문의 첫 번째 동사에 대해서는 중첩하여 사용할 수 없습니다.

* 형용사의 중첩

중국어에서의 형용사 중첩은 동사와 마찬가지로
일부 형용사만 중첩할 수 있지만,
동사의 중첩과는 달리
그 의미가 강조되면서 말의 생동감을 더합니다.

(1) 형용사 중첩 방법

	A	AA
1음절 형용사	高 胖 小	高高 胖胖 小小
2음절 형용사	AB 干净 高兴 漂亮	AABB 干干净净 高高兴兴 漂漂亮亮
음절복합형용사	AB 雪白 通红 笔直	AB了AB 雪白雪白 通红通红 笔直笔直

ex 聪明 – 很聪明 [O] – 聪明聪明 [X] / 可爱 – 很可爱 [O] – 可爱可爱 [X]

TIP 일반적으로 형용사 앞에 쓰여서 그 정도를 나타내주는 정도부사는 형용사 중첩으로 그 의미를 강조한 중첩된 형용사 앞에는 쓸 수 없습니다.

03 어림수 (概数)

* 어림수란?

딱 떨어지는 수가 아니라 대략적으로 나타내는 수를 말합니다.

(1) 多/来를 활용한 어림수 표현

① 끝자리가 1~9까지의 수

> 주어 + 술어 + 수사 + 양사 + 来 / 多 + 일반사물 명사

ex 我有一斤多香蕉。　　　　　　　(1斤 ~ 2斤 사이)

弟弟吃了三来个面包。　　　　　(3개보다 적게)

② 10이상의 수

| 끝자리가 0인 경우 |

> 주어 + 동사 + 수사 + 多 / 来 + 양사 + (일반명사)

ex 教室里有二十多个学生。

过春节的时候，我们包了两百来个饺子。

| 숫자가 10인 경우 |

> 주어 + 동사 + 수사 + 양사 + 来 / 多 + (일반명사) 주어
> + 동사 + 수사 + 多 / 来 + 양사 + (일반명사)

ex 爸爸送我十多件衣服。　　　(10 ~ 20 사이)

今天妈妈买了十斤多猪肉。　　(10 ~ 11 사이)

(2) 大概/左右/上下를 활용한 어림수 표현

① 大概/左右가 어림수를 나타낼 때

일반적으로 시간이나 일반 사물 명사의 수량을 어림수로 나타낼 때 쓰입니다.

> 주어 + 大概 + 동사 + 수사 + 양사 + (일반명사)
>
> 주어 + 동사 + 수사 + 양사 + (일반명사) + 左右

ex 我每个月大概花三千块钱。

我每个月花三千块钱左右。

② 上下가 어림수를 나타낼 때

나이, 키, 높이, 무게 등을 어림수로 나타낼 때 쓰입니다.

> 수사 + 양사 + 일반명사 + 上下

ex 看起来，他的年龄五十岁上下。

这孩子体重会八十斤上下。

04 조동사 (组动词)

* 조동사란?

조동사란 이름 그대로 동사를 도와주는 또 다른 동사를 말합니다.
그래서 항상 조동사는 동사에게 힘을 보태주기 위해서 동사의 앞에 위치합니다.
그리고 동사를 도와 동작의 가능, 필요, 바람, 의지, 허가 등의 의미가 있기도 합니다.

(1) 중국어의 조동사 종류

	会	能	可以
뜻	할 줄 알다. (배워서 할 수 있게 됐을 때 쓴다.)	할 수 있다. (어떤 가능성을 나타낼 때 쓴다.)	할 수 있다. (어떤 가능성을 나타낼 때 쓴다.)
예	我会说汉语。 (나는 중국어를 할 줄 안다.)	这个月我能去中国。 (이달에 나는 중국에 갈 수 있다.)	现在可以看那本汉语书。 (지금 그 중국어책을 볼 수 있다.)
부정	不会 할 줄 모르다	不能 할 수 없다	不可以 해서는 안 된다

	想	要
뜻	~하고 싶다	~하고 싶다, ~하려고 하다
예	我想买一台电脑。 (나는 컴퓨터를 한 대 사고 싶다.)	我要去中国学习汉语。 (나는 중국에 가서 중국어 공부를 하려고 한다.)
부정	不想 (~을 하고 싶지 않다)	

(2) 조동사를 활용한 문장 만들기

① 긍정형

> 주어 + 조동사 + 동사 +명사(목적어)

ex 我会说汉语。

这个月我能去中国。

我现在可以看那本汉语书。

我想买一台电脑。

我要去中国学习汉语。

② 부정형

> 주어 + 조동사 + 동사 +명사(목적어)

ex 我不会弹钢琴。

我不能参加运动会。

在这儿不可以抽烟。　　　　　　　　　(*不可以는 '금지'의 의미가 있다.)

妹妹不想去医院。

TIP 要와 想의 부정은 동일하게 "不想"을 쓰고 "不要"라고 하지 않습니다.

주어 + 조동사 + 동사 + 목적어 + 吗？

ex 你会游泳吗？

老师现在能给我打电话吗？

你可以一个人去医院吗？

爸爸想吃西瓜吗？

妈妈要包儿吗？

(难道) + 주어 + 不 + 조동사 + 동사 + 목적어 + 吗？

ex 你不会写汉字吗？

你不能来我家玩儿吗？

小李不可以出去吗？

你中国朋友不想回国吗？

他不要买笔记本电脑吗？

TIP 难道 : '설마~이겠는가?'의 의미를 가지며 주로 부정문에 쓰여, 반어의 어기를 강조합니다.

주어 + 조동사 + 不 + 조동사 + 동사 + 목적어？

ex 哥哥会不会喝酒？

爷爷能不能去中国旅游？

你表哥可不可以参加你的婚礼？

妈妈想不想喝咖啡？

弟弟要不要买数码相机？

05 부사 (副词)

* 부사란?

주로 **동사나 형용사 앞**에서 쓰여, 동사나 형용사를 수식하고, 동사나 형용사 앞에서 시간, 정도, 빈도, 장소, 상태, 범위, 부정 등을 나타냅니다.

(1) 부사의 종류

시간부사	동작의 발생 시간 혹은 상태가 지속, 유지되는 시간을 표시한다.	刚，才，已经，就，都，马上，一直，终于…
범위부사	동작의 발생이나 상태가 지속, 유지되는 범위를 표시한다.	都，一共，一起…
정도부사	주로 상태의 정도에 대해 표시한다.	太，很，真，更，挺，最，非常…
빈도부사	어떤 동작이 발생하는 빈도를 나타낸다.	又，再，还，也，常常，经常…
부정부사	동작 혹은 상태를 부정함을 나타낸다.	不，没有，别…

(2) 부사를 활용한 문장 만들기

① 평서문

> 주어 + 부사 + 동사 / 형용사 + 목적어

ex 老师已经来了。

他个子挺高的。

我常常吃中国菜。

你别看书。

② 부정문 01

주어 + 부정부사 + 부사 + 동사 / 형용사 + 목적어 (전체부정)

ex 我不喝咖啡。

妹妹身体不舒服，不能参加运动会。

你别再来这儿。

부정문 02

주어 + 부정부사 + 부사 + 동사 / 형용사 + 목적어 (부분부정)

ex 学生们不都喜欢看奥运会。

李老师和朴老师不都喜欢喝咖啡。

* 문장 중에 전치사나 능원동사가 있는 경우

주어 + 부사 + 능원동사 + 전치사구 + 동사 / 형용사 (+ 목적어)

ex 他也想跟我们一起坐飞机去中国。

姐姐和哥哥都要来中国看我。

* 문장 중에 수량사가 있는 경우

주어 + 부사 + 수량사 + 동사 / 형용사 (+ 목적어)

ex 这些一共30块钱。

都十点多了。

06 전치사 (介词)

* 전치사란?

단독으로 쓰일 수 없어 명사, 대명사, 고유명사와 짝을 이루어 방향, 장소, 시간, 원인, 대상 등을 나타냅니다.

(1) 장소, 방향, 시간을 나타내는 전치사

전치사	의미와 쓰임
在	~에서 ('학교에서, 방에서, 책상 위에'처럼 행위가 행해지는 장소 혹은 사물이 위치하고 있는 장소를 의미함.)
从	~로 부터 ('중국에서 오다'라는 문장과 같이 공간이 아닌 어떤 장소에서의 출발점을 나타냄.)
到	~까지, ~로 (주로 '从'과 함께 쓰는고, '到' 뒤에 장소를 써서 도착지점을 나타냄.)
离	~에서 (장소와 장소 사이의 거리적 격차를 나타내고, 'A 离 B~'라는 구조로 사용함.)
往	~를 향해 (주로 이동 방향을 나타내고 往 뒤에는 주로 향하는 장소나 방향을 나타내는 말들이 따라오며, 사람이 올 수는 없음.)
向	~를 향해 (주로 사람의 신체 동작이나 자세를 나타낼 때 사용하고, 向 뒤엔 방향, 추상물이나 사람 모두 올 수 있음.)

(2) 장소, 방향, 시간을 나타내는 전치사를 활용한 문장 만들기

주어 + 전치사 + 명사 + (술어) + 목적어

> ex 小张家在韩国首尔。
>
> 老师从上海来了。
>
> 首尔离北京不太远。
>
> 先往前走，然后再往右拐。
>
> 他一没钱就向朋友借钱。

(3) 두 대상을 이어주는 전치사

전치사	의미와 쓰임
跟	～와, ～을 따라 (둘 이상의 두 대상을 연결해 줄 때 사용하거나 선행자를 통해 동작을 따를 때 사용함.)
和	～와 (둘 이상의 대상을 연결해 줄 때 사용함.)
对	～에 대하여 (동작, 행위의 대상이나 목표를 나타낼 때 혹은 동작, 행위와 관련된 사람과 사물을 나타낼 때 사용함.)
给	～에게 (동작의 대상으로 쓰여 동작의 주체가 됨을 나타냄.)

(4) 대상을 이어주는 전치사를 활용한 문장 만들기

> **주어 + 전치사 + 명사 + 술어~**

ex 我跟姐姐学英语。

金经理和朴部长一起出差去了。

我们公司对中国市场有兴趣。

我不想给他打电话。

07 동태조사 [动态组词]

* 동태조사란?

시제로서의 과거, 현재, 미래의 의미를 나타내는 것이 아니라 완료(了), 상태의 지속(着), 경험(过)의 상태를 나타내는 조사입니다.

(1) 완료의 了 [동작의 완료됨을 나타냄] : (어떤 동작)을 했다.

> **주어 + 동사 + 了**

ex 我吃了。
妈妈写了。

주어 + 동사 + 了 + 수량 + 명사

ex 弟弟听了一首歌儿。

爸爸买了一本汉语书。

주어 + 동사 + 목적어 + 了

ex 老板去中国了。

金代理出差去了。

(2) 동작의 지속 着 [동작의 상태가 지속함을 나타냄] : (~한) 채로 있다.

동사 + 着呢

ex 门开着呢。

爸爸躺着呢。

동사 + 着 + 명사 + (呢)

ex 姐姐听着音乐(呢)。

宋经理唱着歌儿(呢)。

동사1+着+동사2+목적어+(呢)

ex 金科长坐着看书(呢)。

老师站着讲课(呢)。

CF. 진행의 의미를 가진 正在/在/ 正 : ~하는 중이다.

(3) 경험 过 [지난날의 경험을 나타냄] : ~해본 적 있다.

동사 + 过

ex 妈妈坐过。

我喝过。

동사 + 过 + 명사

ex 我吃过中国菜。

爸爸看过京剧。

동사+ 过 + 횟수(次) +명사)

ex 我吃过一次中国菜。

妈妈坐过两次飞机。

* 동태조사의 부정과 의문사이

(1) 동태조사의 부정

① 완료를 의미하는 了、着、过에 대해 부정하고자 할 때, 부정부사 **没로 부정**하고,
동사 뒤에 "了"는 쓰지 않습니다. (단, "没" 앞에 "还"도 붙일 수 있습니다.)

> **주어 + (还)没 + 동사 (+ 목적어)**

> **ex** 妹妹没来学校。
> 我还没买苹果。

> **주어 + 没 + 동사 (+ 목적어)**

> **ex** 我没坐着上课。
> 他没听着音乐。

> **(还)没 + 동사+ 过 + 목적어**

> **ex** 我没坐过飞机。
> 他还没听过中国歌儿。

(2) 没有로 하는 동태조사의 정반의문

> **ex** 你吃饭了没有？ = 你吃没吃饭呢？
> 他看着没有？ = 他看没看着？
> 你弟弟去过中国没有？ = 你弟弟去没去过中国？

 보어 (补语)

* 보어란?

중국어에서 보어란 술어 뒤에서 술어를 보충해주는 역할을 합니다. 동사의 보조가 되어주는 보어에는 정도를 나타내는 **정도보어**, 동작의 횟수를 나타내는 **동량보어**, 시간의 양을 나타내는 **시량보어**, 결과를 나타내는 **결과보어**, 가능과 불가능을 나타내는 **가능보어**, 방향을 나타내는 **방향보어**가 있습니다.

* 정도보어

어떤 동작의 정도에 대하여 평가, 판단, 묘사할 때 쓰이는 보어

① 평서문 01

> **주어 + 동사 + 得 + 정도(정도부사 + 형용사)**

ex 弟弟跑得很快。
她唱得非常好。

평서문 02

> **주어 + (동사) + 명사 + 동사 + 得 + 정도**

ex 部长(说)汉语说得非常流利。
我朋友(吃)饭吃得很多。

② 부정형

> **주어 + 동사 + 명사 + 동사 + 得 + 不 + 정도**

ex 弟弟(写)汉字写得不好。
他(喝)酒喝得不少。

③ 의문형 01

주어 + (동사) + 명사 + 동사 + 得 + 정도 + 吗?

ex 他洗碗洗得干净吗?

他唱中国歌儿唱得好听吗?

의문형 02

주어 + (동사) + 명사 + 동사 + 得 + 정도 + 不 + 정도?

ex 他花钱花得多不多?

哥哥喝酒喝得少不少?

의문형 03

주어 + (동사) + 명사 + 동사 + 得 + 怎么样?

ex 经理说英语说得怎么样?

金代理办事儿办得怎么样?

✱ 동량보어와 수량보어

동량보어 : 동량보어는 동작, 행위의 발생 횟수를 나타내는 동량사(遍、次)와 함께 씁니다

수량보어 : 수량보어는 명사의 수량을 나타내는 수량사(个、口、件、张、瓶……)와 함께 씁니다.

(1) 동량보어로 문장 만들기

① 평서문

주어 + 동사 + (了 / 过) + 동량사 + 일반명사

ex 我吃过两次中国菜。

我看了一遍这本书。

(2) 목적어가 대명사 혹은 특정인물, 장소일 경우

> 주어 + 동사 + (了 / 过) + 동량보어 + 특정인 / 장소명사

> 주어 + 동사 + (了 / 过) + 특정인 / 장소명사 + 동량보어

ex 我去过两次上海。　　　　=　　　　我去过上海两次。
　　他听过一次中国歌儿。　　=　　　　他听过中国歌儿一次。

TIP 부정형식과 의문형식은 동태조사의 부정형식, 의문형식과 동일합니다.

(3) 수량보어로 문장 만들기

양사	뜻	수사 + 양사 + 명사
个	개, 사람, 명	一个中国朋友 一个芒果
斤	근	一斤香蕉
口	식구	三口人
件	벌, 건	一件衣服 一件事
本	권	一本汉语书
杯	잔, 컵	一杯咖啡
瓶	병	一瓶啤酒
张	장, 개	一张纸 一张桌子
双	쌍	一双袜子

＊ 시량보어

"공부한 지 두 시간 되었습니다.", "졸업한 지 일주일 됐습니다.", "20분째 기다리고 있습니다." 등 동사 뒤에서 **어떤 행위가 지속되는 시간의 양**을 보충해주는 역할을 하는 보어를 시량보어라고 합니다. 특히 시량보어는 목적어의 위치가 그 내용에 따라 의미와 어순이 달라집니다.

(1) 시량보어로 문장 만들기

①

> **주어 + 동사 + 了 + 시량보어(的) + 일반명사 목적어**

ex 我学了一个月(的)汉语。

他看了一个半小时(的)电视。

> **주어 + 동사 + 일반명사 목적어 + 동사 + 了 + 시량보어**

ex 妹妹听音乐听了二十分钟。

今天李部长打高尔夫球打了三个小时。

② 목적어가 사람 혹은 장소일 경우, 문장의 가장 끝이 아닌 술어 바로 뒤에 위치해야 합니다.

> **주어 + 동사 + 了 + 사람 + 시량보어**

ex 同学们等了我一个小时。

爸爸找了我一天。

> **주어 + 来 / 去… (비지속성동사) + 장소 + 시량보어 + 了**

ex 朴科长去北京三年多了。

姐姐毕业三个星期了。

③ 지속성을 나타낼 경우

주어 + 동사 + 了 + 시량보어(的) + 목적어 + 了
(완료)   (지속)

ex 我看了一个小时书。　　　　(완료)
我看了一个小时书了。　　　(지속)
我等了朋友半个小时。　　　(완료)
我等了朋友半个小时了。　　(지속)

단위	뜻	예제	
分钟	~분	20분 동안	二十分钟
小时	~시간	1시간 동안	一个小时
天	~일	이틀 동안	两天
星期	~주	4주 동안	四个星期
月	~개월	10개월 동안	十个月
年	~년	8년 동안	八年
多长时间	얼마 동안	30분 동안	半个小时

④ 비지속성동사

단어	뜻	단어	뜻
毕业	졸업하다	来	오다
分手	헤어지다	去	가다
结婚	결혼하다	起床	일어나다
离开	떠나다	出发	출발하다

* 결과보어

어떤 동작이 결과적으로 '다~했다.'의 의미로 쓰이며, 보통 문장 끝에 완료의 의미를 가진 동태조사 '了'가 자주 등장합니다.

(1) 결과보어로 자주 쓰이는 동사와 형용사

결과보어	결과보어로의 의미	예
完	완료, 완성의 의미를 나타냄.	吃完了
好	동작이 만족스럽게 완성되었거나 만족스러운 상태임을 나타냄.	看好了
在	어느 한 장소에 존재하고 있음을 나타냄.	放在桌子上了
懂	듣거나 보아서 이해했음을 나타냄.	听懂了
到	목적의 달성, 어느 지점에 도달함, 도달한 시점 등을 나타냄.	看到了
见	의식적으로 확실히 듣고, 보았음을 나타냄.	听见了
上	부착, 합쳐짐의 의미를 나타냄.	请关上窗户
住	고정 및 정착됨을 나타냄.	一定要记住
成	어떤 변화 때문에 다른 무엇이 되었음을 나타냄.	变成一张床

(2) 결과보어로 문장 만들기

① 평서문

> 주어 + 동사 + 결과보어 + (목적어) + 了

ex 他吃晚饭了。

准备好了。

我都听懂了。

② 부정문 01

주어 + 没 + 동사 + 결과보어 + 了

ex 他没做好事情就下班了。

　　妹妹没洗干净衣服就出去玩儿了。

부정문 02

주어 + 不 + 동사 + 결과보어 ~

ex 小王，你不参加就不能回家。

　　东东，你不吃晚饭就不能出去玩儿。

TIP 결과보어의 부정은 일반적으로 没로 하지만,
가정을 의미하는 문장에서는 부정부사 不를 사용하여 부정합니다.

* 가능보어

어느 동작의 진행이나 실현 가능 여부를 나타내는 보어로써, 주로 동사와 결과보어 사이 혹은 동사와 방향보어 사이에 得/不를 삽입하여 나타냅니다.

동사 + 得/不 + 결과보어

吃完了。(다 먹었다)	吃得完。(다 먹을 수 있다)	吃不完。(다 먹을 수 없다)
听懂了。(알아들었다)	听得懂。(알아 들을 수 있다)	听不懂。(알아 들을 수 없다)
看完了。(다 봤다)	看得完。(다 볼 수 있다)	看不完。(다 볼 수 없다)

(1) 가능보어로 문장 만들기1

① 평서문 & 부정문

주어 + 동사 + 得 / 不 + 결과보어 + 목적어

ex 我看得完这本书。

　　房间太乱了，找不到钥匙。

回来。(돌아오다)	回得来。(돌아올 수 있다)	回不来。(돌아올 수 없다)
起来。(일어나다)	起得来。(일어날 수 있다)	起不来。(일어날 수 없다)
进来。(들어오다)	进得来。(들어올 수 있다)	进不来。(들어올 수 없다)

(2) 가능보어로 문장 만들기2

① 평서문 & 부정문

> 주어 + 동사 + 得/不 + 방향보어 + 목적어

ex 昨天他睡得很早，肯定起得来。

他们晚上10点前可能回不来。

* 방향보어

방향보어는 일반적으로 단순방향보어와 복합방향보어로 나뉘고, 동사 뒤에 来나 去등을 붙여서 화자와의 거리가 가까워지는지, 멀어지는지 동작의 방향을 보충 설명합니다.

(1) 단순방향보어의 활용

①

> 주어 + 동사 + 来 / 去 / 上 / 下 / 进 / 出 / 回 / 过 / 起 + 목적어

ex 请你买来一斤香蕉。

爸爸买回一本书。

(2) 복합방향보어의 활용

	上	下	进	出	回	过	起
来	上来 올라오다	下来 내려오다	进来 들어오다	出来 나오다	回来 돌아오다	过来 지나오다	起来 일어나다
去	上去 올라가다	下去 내려가다	进去 들어가다	出去 나가다	回去 돌아가다	过去 지나가다	

① 주어 + 동사 + 복합방향보어 + 일반목적어

ex 小李，请你买回来一斤苹果。
你先上去吧。

② 주어 + 동사 + 방향보어 + 장소목적어 + 방향보어

ex 下个月我要回韩国去。
你走进教室去等我。

 술어 뒤에 방향보어와 장소 목적어가 존재한다면 어순에 상관없이
무조건 "서술어 + 장소목적어 + 방향보어" 순으로 쓸 것!!

(3) 복합방향보어의 파생의미

上来	모종의 일을 잘 해내다	这些题他都答上来了。 我忘了那个字，没有写上来。
上去	추가의 의미 / 향상시킴	请把我的手机号码加上去。 没想到，他那么快就把学习成绩提高上去了。
下来	동작이 멈춤 / 지속함 / 고정 / 분리	火车慢慢停下来了。 他们终于坚持下来了。 请你把他的讲话好好儿记录下来。 剩下来的钱已经用光了。
下去	동작이나 상태가 미래의 어느 시점까지 계속됨	你可以顺着这个思路想下去。 你一定要坚持下去。
出来	동작을 통해 출현하거나 드러남 / 실현됨	他们提出了许多办法来了。 他们制造出来的小汽车很受欢迎。
过来	원래의 상태나 정상의 상태로 돌아옴	刚才他昏倒了，半天才醒过来了。
过去	비정상적 상태로 변화됨	天气太热，不少乘客混过去了。
起 / 起来	동작이나 정황이 시작됨의 의미 / 분산되었던 것이 집중됨 / 동작을 실행함	从哪儿说起呢？ 天气渐渐凉快起来。 大家团结起来了。 说起来容易，做起来难。

 비교 (比较)

A + 比 + B + 술어

* 비교문(比较句)이란?

'比'를 이용하여 두 개의 사물, 사람 등의 차이를 '～보다'의 의미로 비교하는 것을 말합니다.

(1) 기본 어순 : A는 B보다 ～하다

> A 比 B + 서술어

ex 今天比昨天冷。
　　她比我大。

① 기본 + 1 : A는 B보다 더 ～하다

> A + 比 + B + 更 / 还 + 술어

ex 姐姐比我更漂亮。
　　我中国朋友比我还高。
　　我穿的衣服比她穿的更贵。

② 기본 + 2 : A가 B보다 수량만큼 ～하다

> A + 比 + B + 술어 + 수량사(一些，一点儿，很多，很少……)

ex 哥哥比我大两岁。
　　爸爸比妈妈高很多。

③ 기본 + 3 : (비교문에서의 정도보어 사용) A가 B보다 술어한 정도가 ～하다

> A + 比 + B + 술어 + 得 + 정도보어

ex 韩国菜比中国菜辣得很多。
　　老虎比小兔跑得更快。

A가 ~하는 정도가 B보다 ~하다

A + 술어 + 得 + 比 + B + 정도보어

ex 姐姐中文说得比我好。
　　爷爷太极拳打得比爸爸厉害。

② 비교문의 부정 : A는 B보다 ~하지 않다

A + 不比 + B + 술어

ex 韩国菜不比中国四川菜辣。
　　我不比妹妹重。

(2) 有 비교문 : A는 B만큼 ~하다

A + 有 + B + 술어

ex 弟弟的个子有我高。
　　他的年纪有我大。

① 有비교문의 부정 : A는 B만큼 ~하지 않다

A + 没有 / 不如 + B + 술어

ex 百闻不如一见。
　　冬天上海不如北京那么冷。

(3) 동등하게 비교하기

A + 跟 / 和 + B + 一样 / 差不多

ex 我跟妈妈差不多高。
　　这个手机和那个手机一样贵。

> **TIP** 비교문에서는 술어 앞에 정도부사 很、非常、太、最……을 사용할 수 없습니다.

연동, 겸어문 (连动句, 兼语句)

* 연동문이란?

동사가 발생 순서대로 연달아 나오는 문장을 연동문 이라고 합니다. 연동문은 무조건 사건이 발생하는 순서대로 써야만 하며, 그 순서가 바뀌었을 때에는 문장의 의미가 완전히 달라짐에 유의하세요.

(1) 동사(구)가 접속사 없이 연이어 오는 문장이 바로 연동문

妈妈	去超市	买苹果。
주	동사구	동사구

ex 弟弟去图书馆看书。　　　남동생은 도서관에 가서 책을 본다.
　　弟弟看书去图书馆。　　　남동생은 책을 보고 도서관에 간다.

(2) 연동문에서 주의할 점

① 반드시 동작의 발생 순서대로 작성할 것!

ex 妈妈每天早上买菜做饭。
　　爸爸坐公交车去上班。

② 동사의 중첩이 필요할 때는 일반적으로 뒤에 오는 동사를 중첩!

ex 我去医院看看病。
　　他要去新开的饭馆尝尝宫保鸡丁。

③ 첫 번째 동사의 긍정과 부정을 동시 사용하여 정반의문문을 만들 수 있음!

ex 金室长去不去中国？
　　王大夫去没去全聚德吃北京烤鸭？

* 겸어문이란 ?

앞 동사의 목적어가 동시에 뒤 동사의 주어 역할을 감당하는 문장을 말합니다.

老师　叫　我　去。
주　　　동+목
주+동

(1) 겸어동사의 종류

让	请	叫	使	命	派
~하도록 시키다	부탁하다 요청하다 청하다	~로 하여금 ~하게 하다	~에게 …를 시키다	~라고 여기다	파견하다

(2) 겸어문으로 문장 만들기

주어 + (부사) + (조동사) + 술어1 + 겸어(목적어, 주어) + 술어2 + (목적어2)

妈妈　不　会　让　我　打扫　房间。
주　　부　조　겸　목　술　　목
　　　　　　　주　술　　목

(3) 연동문에서 주의할 점

① 부사/조동사/부정부사(不/没)는 첫 번째 동사 앞에 위치!

> **ex** 爸爸不让我去书店打工。

② 동사를 중첩할 때는 두 번째 동사로 중첩하기!

> **ex** 他让我女儿看看书。

③ 겸어문장에서는 첫 번째 동사가 아닌, 두 번째 동사 뒤에 동태조사 了、着、过!

> **ex** 总经理让李代理去了中国。

④ 조동사는 첫 번째 동사 앞에 위치!

> **ex** 爷爷想让她骑车去公园。

⑪ 把・被 자문 (把字句，被字句)

* 把자문이란?

전치사 "把"를 사용하여 어떤 사물에 대해 동작을 어떻게 처리 할지, 혹은 그 처치의 결과를 강조하고자 할 때 쓰는 문장입니다. 그러나 모든 목적어를 서술어 앞으로 위치하게 할 수 있는 것은 아닙니다. 把자문의 주어가 목적어에 구체적인 동작을 가했을 때 그 결과를 강조하고자 할 때 사용하기 때문에 결과 보어 혹은 완료를 의미하는 동태조사 了가 술어 뒤에 자주 쓰입니다.

(1) 자문을 활용한 문장 만들기

> 주어 + 把 + (특정)목적어 + 동사 + 부가성분

(동사중첩, 보어(가능보어X), 동태조사了, 着)

ex 孩子把书看完了。

我把碗洗得很干净。

小胖子把那本书拿过来了。

你把钱包带着。

(2) 전치사와 함께 쓰여 목적어가 두 개인 把자문으로 문장 만들기

> 주어 + 把목적어 + 동사 + 在(到 / 给 / 成) + 목적어

ex 请你把你的名字写在本子上　　　　～에 위치하다

朴室长让我把这张桌子搬到那儿了。　　～에 도달

我把这件礼物送给她了。　　　　　　　～에게 주다

我要把韩币换成人民币。　　　　　　　～가 되다

*被자문이란

피동문을 의미하는 被자문은 전치사 被 / 叫 / 让을 이용하여 피동을 나타내는 문장을 말합니다.

> 기본 형식 [주어 + 被 + (동작의 주체)목적어 + 동사 + 기타성분]
>
> ## 我的钱包　　被　　小偷　　偷走　　了
>
> 내 지갑을 도둑에게 소매치기 당했다.

(1) 被자문의 또 다른 모습

① **被자문 기본 형식 : 주어 + 被/叫/让 + 목적어 + 동사 + 기타성분** (了, 过, 보어, 목적어)

被자문에 사용하는 동사들은 그 뒤에 반드시 기타성분(완료의 了, 경험의 过, 결과보어를 제외한 보어들, 목적어)들을 함께 써주어야 합니다.

> **ex** 没做好作业的学生被老师批评了。
>
> 教室被大家打扫得很干净。

> **TIP** 단, 被자 뒤에 행위자(목적어)를 강조할 필요가 없을 때 생략 가능합니다.
> (피동을 나타내는 동사 叫, 让을 써도 되지만, 이들 뒤에는 반드시 행위자를 써주어야 합니다.)

② **문장 내에 능원동사나 부정부사가 있는 경우**

> **주어 + 능원동사 / 부정부사 + 被 / 叫 / 让 + 목적어 + 동사 + 기타성분**

> **ex** 桌子上的合同没被金代理弄丢。
>
> 柜子上的花瓶要让风吹下来了。

③ **被자 문에서는 把자 문과 다르게 주어가 반드시 특정해야 합니다.**

> **ex** 我被哥哥打了一顿。

강조구문 (强调)

*"是 ~ 的강조구문"은 ~

이미 어떤 행위가 발생한 것은 분명하며, 그 행위가 행해지는 시간, 장소, 방식 등을 구체적으로 강조해서 말하는 것입니다. 이미 발생한 일에 대해서 강조하는 문장이긴 하지만 문장 내에 了를 쓰지 않으며, 해석은 "~인 것이다. (했다)"라고 합니다.

他来了。　"야야! 그 사람 왔대!"

"누가, 언제, 어디서, 무엇을 , 어떻게, 왜!"

---

ex ① 他是和谁一起来的？　→　他是和朋友一起来的。
　　　　　　　　　　　　　　　他不是和男朋友一起来的。

② 他是什么时候来的？　→　他是昨天来的。
　　　　　　　　　　　　他不是前天来的。

③ 他是从哪儿来的？　→　他是从韩国来的。
　　　　　　　　　　　他不是从中国来的。

④ 他是怎么(坐什么)来的？　→　他是坐地铁来的。
　　　　　　　　　　　　　　他不是坐出租车来的。

⑤ 他是为什么来的？　→　他是来学汉语的。
　　　　　　　　　　　他不是来学英语的。

是~的 강조구문은 어떤 동작이 이미 실현된 것을 묻는 이나 답하는 이 모두 알고 있는데, 그 밖의 동작, 행위가 행해지는 시간, 장소, 방식, 목적, 대상 등을 특별히 강조해서 말할 때 사용합니다.

13 접속사 [连词]

* 접속사란?

단문과 단문 사이에서 '因为~所以~', '虽然~但是~' 등과 같이 짝을 이루며 두 문장을 이어주는
역할을 합니다.

(1) 인과관계 : 원인과 결과를 나타내는 낱말을 말해요.

> **因为 + 원인 ~, 所以 + 결과 …**
>
> ~ 하기 때문에, 그래서 ~ 하다.

ex 我因为工作很忙，所以不能去看电影。

> **= 由于 + 원인 ~, 因此 + 결과(판단) …**
> **因而**
>
> ~ 하기 때문에, (그래서) ~ 하다

ex 我由于为工作很忙，因此不能去看电影。

(2) 병렬관계 : 앞뒤 형식과 길이가 비슷하거나 같으며, 한쪽으로 치우쳐지지 않고
대등한 관계를 나타내는 낱말을 말해요.

> **又 [= 既] … 又 … / 也 [= 既] … , 也 …**
>
> (한 편으로) ~하면서, (또 한 편으로) … 하다

ex 这个人又可爱又漂亮。

这件衣服既漂亮又便宜。

> **一边 [= 一面] … 一边 [= 一面] …**
>
> ~하면서, … 하다 (두 가지 구체적인 동작이 동시에 진행될 때 씀)

ex 我们在KTV一边唱歌，一边跳舞。

我一面学习，一面工作。

(3) 가정관계 : 가정과 결과를 나타내는 낱말을 말합니다.

如果 + 가정 ~，（那么）+ 주어 + 就 + 결과 …。
[= 要是]

만약 ~한다면, 곧 … 일 것이다 (가정에 따라 결과가 바뀔 때 씀)

ex 如果明天天气很热，我就去游泳馆。

如果有钱的话，那给我借点儿钱吧。

即使 + 가정 ~，也[= 都] + 결과 …。

설령 ~라 할지라도, (그러나) 모두 …이다

(가정과 상관없이 결과는 불변일 때 쓰며, "也 / 都" 뒤의 결과에 해당하는 부분이 핵심내용)

ex 即使明天下大雨，我也要去动物园玩儿。

即使工作再忙，你也要去医院看病。

(4) 전환관계 : '그러나'의 뜻으로 서로 반대되는 뜻을 나타내는 두 개의 짧은 절을
이어주는 낱말을 말합니다.

虽然 + 사실 …，但是 + 결과 … 。
尽管　　　　　　可是
虽说　　　　　　不过

비록 ~하지만, ~하다.

ex 虽然她没有经验，但是工作做得很好。

尽管你说得对，但是我不能支持你。

(5) 선후관계

先 …… 然后（再）……
再

먼저 ~한 뒤 ~하다

ex 我每天晚上先吃完饭，然后做作业。

先见他听一下情况，然后再进行这件事吧。

(6) **선택관계** : 두 개 또는 두 개 이상을 말한 후, 그중에서 하나 또는 하나 이상을 '선택'
하는 뜻을 나타내는 복문에서 두 개의 짧은 절을 이어주는 낱말을 말합니다

不是 ……, 就是 …… 。

~가 아니고 ~ 이다. [A 와 B 둘 중 하나를 선택]

ex 他们不是兄弟关系就是朋友关系。

不是 ……, 而是 …… 。

~가 아니면 ~ 이다. [둘 중에 하나는 확실함을 나타냄]

ex 他不是医生而是护士。

(是) ……, 还是 …… (呢)？ [의문문]

~입니까, ~입니까?

ex 你们的老板是韩国人，还是中国人？

或者 ……, 或者 …… 。 [평서문]

~혹은 ~이다.

ex 或者去美国，或者去中国都可以。

(7) **점층관계** : 뒷 절의 내용이 앞 절의 내용보다 한걸음 더 나아갔음을 나타내는
낱말을 말합니다.

不但 ……, 而且 …… 。
不仅　　　并且，
　　　　　还
　　　　　也

~뿐만 아니라, 게다가 (또) … 하다

ex 他不但会说汉语，而且说得非常流利。
我们公司里通过TSC4级的不仅是我一个人，还有很多。

除了 …… 以外，还 ……
都
也

~를 제외하고, ~외에 또 ~하다.

ex 除了面包以外，还有饮料呢。大家多吃点儿。　　(~외에 또)

除了小明以外，我也去中国了。　　(~외에 ……도)

除了我以外，我们班同学都会说汉语。　　(~를 제외하고)

只有 + 유일한 조건 ~，才 + 결과 ……。(조건강조!)

~해야만 ~할 수 있다.

(뒤의 결과가 나오기 위해서는 반드시 앞의 조건이 필요함을 나타냅니다.)

ex 只有这样做，才能成功。

只有你，我才能笑。

只要 + 여러 가지 조건 중 하나 ~，就 + 결과 ……。

(조건이) ~라면, 곧 …하다

(뒤의 결과가 나오기 위해서 앞의 조건이 필요함을 나타냅니다.)

ex 只要说清楚，她会明白你的情况。

不管 + 의문문 형식 ~ 都 + 결과 ……。
无论　　　　　　　　也
不论

~하더라도 (~에도 불구하고), … 하다.

(앞의 조건과 상관없이 결과는 불변임을 나타내고, "都/也" 뒤의 결과가 핵심어에 해당합니다.)

ex 不管你信不信，我去过香港。

无论什么人，都喜欢吃北京烤鸭。

03 TSC 공략 실전익히기 +

1부분 · 간단한 자기 소개

1부분은 아래와 같은 4개 문항으로 이루어졌고 응시자의 기본 상황을 이해하는 과정입니다. 이름, 나이, 가족구성원, 직장과 같은 간단한 질문인 만큼 생각할 시간은 따로 주어지지 않고 답변 시간은 10초입니다. 짧은 시간 안에 자신의 정보를 정확하게 전달하는 것도 중요하지만, 고득점을 원하면 더욱 상세한 설명이 필요합니다.

问题1 你叫什么名字?

이 부분에서 我叫李英爱;我的名字叫李英爱;我是李英爱;我姓李，名叫英爱。등과 같이 답을 할 수 있습니다. 하지만 고득점을 원하시면 자신의 이름에 대해 더 많은 설명이 필요합니다. 예를 들어, 我叫李英爱，木子李，英雄的英，爱情的爱。혹은 我叫李英爱，我电视剧《大长今》的主演名字一样，因为我的妈妈是李英爱的影迷，所以也给我取名叫英爱。

问题2 请说出你的出生年月日。

이 부분에서는 자신의 생년월일을 하나하나 답하면 되겠습니다. 예를 들어 我出生于1986年10月9号。게다가 자신의 띠까지 언급하면 더 좋은 답이 되겠습니다. 我出生于1986年10月9日，属虎

问题3 你家有几口人?

이 부분에서는 가족이 몇 명이고 각각 어떤 사람인지 답하면 되겠습니다.
예를 들어 我家有4口人，爸爸、妈妈、弟弟和我。

问题4 你在什么地方哪个部门工作?

이 부분에서는 자신이 일하는 장소 '我在医院工作。' 혹은 직업 '我是医生。' 등으로 답을 할 수 있으며 더 자세하게 일하는 부처까지 답변할 수 있습니다.
예를 들어 : '我在三星公司销售部工作'

（3秒）提示音 ______________（6秒）______________ 结束。

问题 ： 现在几点？

回答 ： 下午两点四十五分。

번역 문제 ： 지금 몇 시에요?

답안 ： 지금은 오후 2시 45분 입니다

보기와 같이 이 부분은 제시된 그림을 보고 질문에 답하는 문제입니다. 총 4문항으로 생각할 시간은 3초이고 답변 시간은 6초입니다. 답은 반드시 그림 안에 있습니다. 따라서 그림을 잘 파악해야 합니다. 또 2부분의 문제는 대게 언제, 어디서, 누가, 무엇을 하는가와 같은 의문대명사로 이루어진 문장이므로 문제를 잘 듣고 정답으로 의문대명사 부분을 대체하면 되겠습니다. 포인트는 간단하게 문제에 대한 답만 하는 것이 아니라 주어, 서술어, 목적어를 모두 갖추어 완전한 문장으로 답하는 것입니다.

问　　　你觉得今天会下雨吗？

네 생각에 오늘 비가 올 것 같아?

答　　　今天天气不太好，可能会下雨。

오늘 날씨 그다지 좋지 않은 것 같아. 비가 올 수도 있어.

今天是阴天，也许会下雨。

오늘은 날씨가 흐리네. 비가 올지도 몰라.

天上有好多乌云，我想一会儿一定会下雨。

하늘 가득 먹구름이네. 오늘 비가 올지도 몰라.

TIP 또 다른 날씨에 관련된 질문

- 今天天气怎么样？ (오늘 날씨 어때?)
- 你看一会儿能放晴吗？ (날씨가 갤 수 있을까?)
- 天气预报上说今天有雨吗？ (일기예보에서 오늘 비온다고 했어?)

02 계절

问　　现在是什么季节？
지금은 무슨 계절인가요?

答　　秋天、秋季。
가을이에요.

现在是秋天，秋天是收获的季节。
지금은 가을입니다. 가을은 수확의 계절이에요.

漫山的红叶，我想现在是秋天。
온 산이 단풍잎으로 되었으니, 지금은 가을입니다.

TIP 또 다른 계절에 관련된 질문

- 什么季节树叶会红？ (나뭇잎이 언제 단풍잎으로 됩니까?)
- 现在是冬天吗？ (지금은 겨울입니까?)
- 你看现在会是什么季节？ (네가 보았을 때 지금은 무슨 계절이니?)

问	妈妈的生日是几月几号，星期几？

엄마 생신은 몇 월 며칠, 무슨 요일입니까?

答	妈妈的生日是9月15日星期三。

엄마 생신은 9월 15일 수요일입니다.

TIP 또 다른 날짜에 관련된 질문

- 今年的中秋节是几月几号，星期几？ (올해 추석이 몇 월 며칠, 무슨 요일입니까?)
- 你的结婚纪念日是什么时候？ (당신의 결혼기념일은 언제입니까?)
- 你妈妈的生日是哪天？ (당신 어머니의 생일은 어느 날입니까?)
- 你妈妈的生日在哪天？ (당신 어머니의 생일은 어느 날에 있습니까?)

04 시간

问	他学了几个小时？

그는 몇 시간 동안 공부했나요?

答	两个小时。

두 시간 동안이요.

他学习学了两个小时。

그는 두 시간 동안 공부했습니다.

他从2点学到4点，一共学了两个小时。

그는 2시부터 4시까지 총 두 시간 동안 공부했습니다.

TIP 또 다른 시간에 관련된 질문

- 他每天学习多长时间？ (그는 매일 몇 시간 동안 공부하나요?)
- 他从几点学到了几点？ (그는 몇 시부터 몇 시까지 공부했습니까?)

问　　请问，图书馆怎么走？

도서관 건물은 어떻게 가나요?

答　　直走在第一个路口处右转就能看到图书馆。

직진해서 가시다가 첫 번째 교차로에서 우회전하시면 도서관 건물을 볼 수 있어요.)

TIP 또 다른 방향에 관련된 질문

• 想去图书馆应该走哪条路？(도서관으로 가려면 어느 길로 가야 해요?)

• 去图书馆应该往哪个方向走？(도서관으로 가려면 어느 방향으로 가야 해요?)

06 장소

问   他们在哪儿?

그들은 어디에 있습니까?

答   饭店、餐厅、自助餐厅。

식당에 있습니다. 뷔페에 있습니다.

他们在饭店吃自助餐。

그들은 식당에서 뷔페를 먹고 있습니다.

TIP 또 다른 장소에 관련된 질문

- 他们在什么地方? (그들은 어디에 있습니까?)
- 这是哪儿? (여기는 어디입니까?)

问　　桌子上有什么？

테이블 위에 무엇이 있습니까?

答　　有手机、本子、遥控器和一杯咖啡。

핸드폰, 공책, 리모콘과 커피 한 잔이 있습니다.

桌子上有手机、本子、遥控器和一杯咖啡。

테이블 위에 핸드폰, 공책, 리모컨, 커피 한 잔이 있습니다.

手机、本子、遥控器和一杯咖啡在桌子上。

핸드폰, 공책, 리모컨과 커피 한 잔이 테이블 위에 있습니다.

TIP 또 다른 계절에 관련된 질문

- 里有什么？ (안에 무엇이 있습니까?)
- 上(下)的是什么？ (위(아래)에는 무엇이 있습니까?)
- 东西在哪儿？ (물건은 어디에 있습니까?)

08 가격

问　　哪种咖啡最贵？

어떤 커피가 가장 비쌉니까?

答　　香草拿铁最贵。

바닐라라떼가 가장 비쌉니다.

最贵的咖啡是香草拿铁。

가장 비싼 커피는 바닐라라떼입니다.

 또 다른 가격에 관련된 질문

- 美式咖啡多少钱？(아메리카노는 얼마입니까?)
- 焦糖玛奇朵怎么卖？(캐러멜 마키아토가 얼마입니까?)
- 卡布基诺几元(钱)？(카푸치노는 몇 원입니까?)

问　　北京和上海差几度?

북경과 상하이의 기온 차는 얼마인가요?

答　　5度。

5도

北京和上海差5度。

북경과 상하이는 5도 차이 납니다.

北京比上海低5度。

북경이 상하이보다 5도 낮습니다.

上海比北京高5度。

상해가 상하이보다 5도 높습니다.

TIP 또 다른 숫자에 관련된 질문

- 北京今天的气温怎么样? (오늘 북경의 온도는 어떠합니까?)
- 今天北京是几度? (오늘 북경은 몇 도입니까?)
- 上海比北京热几度? (상하이는 북경보다 몇 도 높습니까?)

10 번호

问　　警察局的号码是多少？

경찰서 번호는 몇 번인가요?

答　　要打111。

111로 걸어야 합니다.

应该打幺幺幺。

111로 걸어야 합니다.

三个幺。

1 세 개요.

TIP 또 다른 번호에 관련된 질문

- 她应该给谁打电话报警? (그녀는 누구한테 전화해 신고해야 합니까?)
- 想要报警应该打什么电话? (신고하려면 어떤 번호에 전화해야 합니까?)
- 警局的电话是什么? (경찰서의 전화번호는 무엇입니까?)

11 무게(키)

问　　她多重?

그녀는 몇 킬로그램입니까?

答　　120斤、　60公斤。

120근 나갑니다. 60kg 나갑니다.

她120斤。

그녀는 120근입니다.

TIP 또 다른 무게/키에 관련된 질문

- 她的体重/身高是多少? (그녀의 몸무게/키는 얼마입니까?)
- 她(有)多重/高? (그의 몸무게/키는 어떻게 됩니까?)
- 他的身高是几厘米? (그의 키는 몇 센티미터입니까?)
- 他一米几? (그의 키는 1미터 얼마입니까?)

12 거리

问　　釜山离首尔有多远？

부산에서 서울까지 얼마나 멉니까?

答　　450公里。

450km입니다.

釜山离首尔有450公里远。

부산에서 서울까지 450km 떨어져 있습니다.

TIP **또 다른 거리에 관련된 질문**

- 釜山和首尔的距离是多少？ (부산과 서울의 거리는 얼마입니까?)
- 釜山有多远？ (부산은 얼마나 멉니까?)
- 釜山和首尔的距离是几公里？ (부산과 서울까지의 거리는 몇 킬로미터입니까?)

问　　他在干什么？

그는 지금 뭘 하고 있습니까?

答　　看书、听音乐、喝咖啡。

책 보고, 음악 듣고, 커피를 마십니다.

他正一边听音乐一边看书。

그는 음악을 들으며 책을 보고 있습니다.

他在听着音乐，喝着咖啡，看着书。

그는 음악을 들으면서 커피를 마시며 책을 보고 있습니다.

TIP 또 다른 동작에 관련된 질문

- 他正在做什么？ (그는 무엇을 하고 있습니까?)
- 他在做着哪些事情？ (그는 무슨 일들을 하고 있습니까?)
- 他一边喝着咖啡，一边在干什么？ (그는 커피를 마시며 무엇을 하고 있습니까?)

14 상황

问　　他怎么了？

그는 왜 그런가요?

答　　**他喝醉了。**

그는 취했습니다.

他喝高了。

그는 술에 취했습니다.

他喝了太多的酒所以醉醺醺的，走路东倒西歪的。

그는 술을 너무 많이 마시고 취해서 해롱해롱하고, 비틀비틀 걷습니다.

TIP 또 다른 상황에 관련된 질문

- **他是什么状态?** (그는 어떤 상태입니까?)
- **他的情况怎么样?** (그의 상황은 어떠합니까?)

15 감정

问　　妈妈怎么了？

그녀는 왜 그런가요?

答　　她生气了。

그녀는 화가 났습니다.

她很不高兴。

그녀는 매우 기분이 나쁩니다.

她在训她的孩子们。

그녀는 아이들을 혼내고 있습니다.

TIP　또 다른 감정에 관련된 질문

- 他看起来怎么样？ (보아하니, 그가 어떻습니까?)
- 他的表情怎么样？ (그의 표정은 어떻습니까?)
- 他的心情如何？ (그는 어떤 심정입니까?)

16 비교

问　坐什么交通工具更快？

어떤 교통수단을 타는 것이 더 빠릅니까?

答　飞机。

비행기.

火车没有飞机快，飞机更快。

비행기가 더 빠릅니다.

坐飞机比坐火车快。

비행기를 타는 것이 기차를 타는 것보다 빠릅니다.

TIP 또 다른 비교에 관련된 질문

- 谁更快? (어떤 교통수단이 더 빠릅니까?)
- 火车跟飞机比怎么样? (기차와 비행기를 비교했을 때 어떻습니까?)
- 哪种最快? (어떤 교통수단이 가장 빠릅니까?)

问　　他是做什么工作的？

그는 어떤 일을 합니까?

答　　他是医生。

그는 의사입니다.

他在医院工作。

그는 병원에서 일합니다.

他的职业（工作）是医生。

그의 직업은 의사입니다.

TIP 또 다른 직업에 관련된 질문

- 他的职业是什么？ (그의 직업은 무엇입니까?)
- 他在哪儿工作？ (그는 어디에서 일합니까?)
- 他是做什么的？ (그의 직업은 무엇입니까?)

18 미래 진행

问　　他想干什么？

그는 무엇을 하고 싶어 합니까?

答　　他想弄头发。

그는 머리를 하고 싶어 합니다.

他想烫头发。

그는 파마을 하고 싶어 합니다.

他想换一个新的发型。

그는 머리 모양을 새롭게 바꾸고 싶어 합니다.

TIP　또 다른 미래진행에 관련된 질문

- 他一会儿会去做什么？ (그녀는 무엇을 하러 가려 합니까?)
- 他有什么打算 (计划)？ (그의 계획은 무엇입니까?)
- 他要做些什么事？ (그는 어떤 일들을 하려고 합니까?)

问题 ：老张在吗？

回答1：不在。
回答2：他现在不在，您有什么事儿吗？要给他留言吗？

번역　문제 ：장선생님 계십니까?

답안1 : 아니요.
답안2 : 장선생님은 안 계십니다. 당신은 무슨 일이 있습니까? 메시지 남겨 드릴까요?

보기처럼 3부분은 일상생활에서 흔히 접하게 될 상황에 대한 질문과 답변입니다. 5문항으로 이루어졌으며 생각할 시간은 2초이고 답변 시간은 15초입니다. 보기에서처럼 답1과 답2는 모두 상황에 해당하는 답이지만 답2의 완성도가 더 높아 더욱 높은 점수를 받을 것입니다. 생각할 수 있는 시간이 짧지만, 최대한 완성도 높은 문장을 구사하는 것이 고득점을 받을 수 있는 관건입니다.

01 축하

问　　我面试成功了。

나 면접 통과했어요.

答　　是吗？恭喜你，我就知道你一定行。

축하해, 난 네가 꼭 해낼 줄 알았어.

祝你步步高升啊。

네가 승승장구하길 기원할게.

你真了不起，祝你前途无量，好好干！

너 정말 대단하구나, 전도유망하길 기원할게, 열심히 해.

真是太好了，机会难得，你要加油啊！

정말 잘 됐다, 기회 얻기 쉽지 않으니, 파이팅!

사과

问   对不起， 我不小心，把你借给我的东西弄丢了。

미안해, 내가 부주의해서 네가 빌려준 물건을 잃어버렸어.

答   没关系，再买一个就可以了。

괜찮아, 다시 하나 사면 돼.

没什么大不了的，那个东西也不是什么贵重的东西。

별것 아니야, 그 물건 그렇게 비싸고 귀중한 것도 아니었어.

没关系，旧的不去新的不来。

괜찮아, 오래된 것이 없어져야 새로운 것이 생기지.

没关系，不值几个钱。

괜찮아, 얼마 안 해.

03 감사

问　　这是我给你的生日礼物。

이거 내가 너한테 주는 생일 선물이야.

答　　太感谢你了，我很喜欢。

정말 고마워, 내가 정말 좋아하는 거야.

你总是这么客气，我都不好意思收下了。

뭘 이런 걸 다, 받기 부끄럽다.

咱们俩谁跟谁啊，不用这么客气。

우리가 어떤 사이인데, 이렇게 예의 차리지 않아도 돼.

你能来参加我的生日聚会我就已经很开心了，还送什么礼物啊?

네가 나의 생일파티에 올 수 있는 것만 해도 너무 기쁜데, 뭘 선물까지 사?

太棒了，我想买这个很久了，你怎么知道我喜欢这个。

너무 좋다. 내가 이걸 사고 싶은 지 오래됐는데, 넌 내가 이걸 좋아하는지 어떻게 알았지?

04 거부

问　借我点钱可以吗？

나한테 돈 좀 빌려줄 수 있니?

答　数目有点太大了，我心有余而力不足。

금액이 조금 커서, 내가 도와주고 싶긴 하다만 능력이 안되네.

对不起，恐怕帮不到你，最近我手头也不宽裕。

미안해, 아마도 너를 도와주지 못할 거 같아, 요즘 나도 조금 빠듯하거든. (경제적으로 넉넉하지 못함.)

真不好意思，我可能没法帮你，帮不到 (了 liǎo) 你。

미안해, 아마도 너를 돕지 못할 거 같아.

真是对不起，我也很想帮你，但是我爱莫能助。

미안해 나도 정말 너를 도와주고 싶지만, 힘이 모자라네.

05 사양

问　你也来一杯怎么样？

너도 한 잔 더 하는 게 어때?

再来一杯怎么样？

한 잔 더 하는 거 어때?

答　哎呀，我真的已经很醉了。

아이고, 나 정말 이미 취했어.

哎呀，我真的不能再喝了。

아이고, 나 정말 더는 못 마시겠어.

哎呀，我要是再喝就回不了家了。

아이고, 더 마시면 집에 못 갈 것 같아.

求你了，你就放我一马吧。

아이고, 한 번만 봐주세요. 부탁할게요.

问　　哪位能给这位孕妇让个座？

어느 분이 이 임신하신 분께 자리를 양보할 수 있으세요?

答　　来，您坐我这儿吧，养孩子辛苦吧。

여기 앉으세요. 아이 키우는 게 힘드시죠.

我马上就要下车了，您来我这儿坐吧。

제가 곧 내려요. 여기 앉으세요.

您快来坐这儿吧！小心一点，扶好！

어서 여기에 앉으세요. 조심하세요. 잘 잡으시고…

问　　好久不见，你最近过得怎么样？

오랜만입니다. 그동안 어떻게 지내셨어요?

答　　是啊，咱们好长时间没见了，快3年了吧，我过得不错你呢？

그러게요, 어쩜 이렇게 오랫동안 못 봤는지, 벌써 3년이나 되었네요,

저는 그럭저럭 지냈는데 당신은 어떻게 지내셨어요?

马马虎虎，还是老样子，没什么特别的。

그냥 그렇죠, 여전해요, 별다른 거 없어요.

最近公司事情很多，总是忙忙碌碌的，你怎么样？

최근 회사에 일이 워낙 많아서요, 항상 바쁘게 보냈어요. 당신은요?

可不是吗？这都几年了？没想到能在这遇到你，真是太巧了。

그러게 말이야, 이게 몇 년 만이니? 여기서 널 만날 수 있을 거라고 생각 못 했네.

问　　我走了，我们再会。

나 갈게요, 우리 다음번에 다시 만나요.

答　　好的，祝你一路顺风啊。

네, 가시는 길 편안하시길 빌게요.

路上小心啊。

조심히 가세요.

你多保重啊，我会想你的，记得常联系我呀。

몸 건강히 잘 지내, 네가 그리울 거야. 자주 연락해.

好的，一路顺风啊，到了给我报个平安。

그래, 가는 길이 순조롭기를 바랄게, 도착하면 잘 도착했다고 알려줘.

问   你看起来，脸色不太好，怎么了？

보아하니, 안색이 별로 좋지 않은데, 왜 그래요?

答   我是有点不舒服，头晕恶心。

조금 불편해서요, 어지럽고, 매스껍네요.

我可能有点感冒了，我想请半天假去医院看看。

아마 감기 기운이 좀 있는 것 같아요. 반차를 내서 병원에 가서 검사를 받으려고 해요.

昨天工作到很晚，所以现在很累，

体力有点透支，不过没关系我还能坚持。

어제 일을 늦게까지 해서, 지금 좀 많이 힘들어요. 좀 무리했지만 괜찮아요. 나 참을 수 있어요.

可能是有点着凉，没关系，回家睡一觉就好了，不用担心。

아마 감기에 걸려서 그런 것 같아요, 괜찮아요, 집에 돌아가서 한숨 자면 괜찮아질 거예요, 걱정 마세요.

10 부상

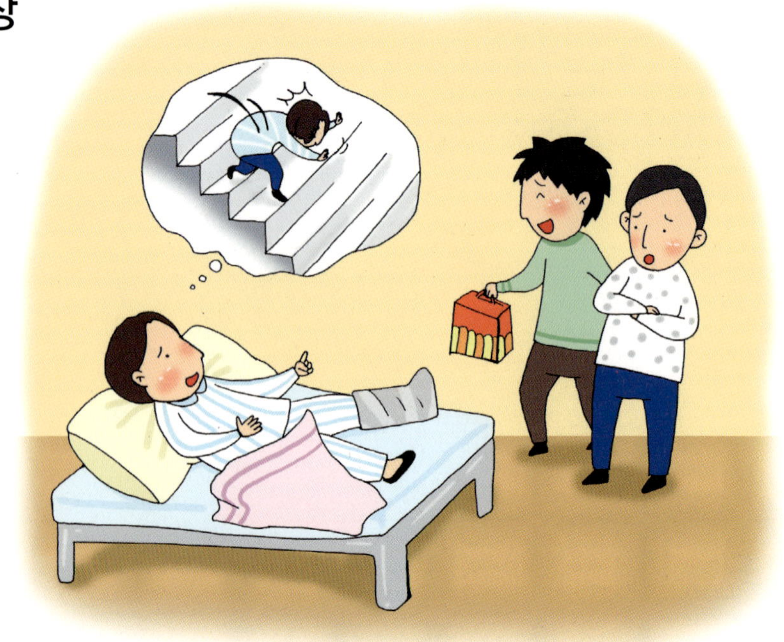

问   你怎弄的？怎么这么不小心！

너 어쩌다가 이랬어? 너 왜 이렇게 됐어?

答   我昨天，不小心扭伤了脚，不是很严重，过几天就可以好了。

내가 어제 부주의해서 다리를 좀 접질렸는데, 그렇게 심각하지 않아요, 며칠 지나면 괜찮아져요.

最近路上太滑，我不小心摔了一跤，还好没有骨折，只是歪了。

요즘 길이 많이 미끄러운데, 내가 조심하지 않아서 넘어졌어요,

그래도 괜찮아요, 골절된 것은 아니고 약간 삔 것뿐이에요.

昨天穿的高跟鞋太高了，不小心歪了脚，我以后还是穿平底鞋吧。

어제 신은 하이힐의 굽이 너무 높아 주의하지 못하고 삐끗했어요. 이후에는 굽이 없는 신발을 신어야겠어요.

最近冰天雪地的，像我这样受伤的人很多，你们也多注意啊。

요즘 길에 눈이랑 얼음이 많이 쌓여 있어서, 저처럼 다친 사람이 너무 많아요, 당신들도 많이 조심해서 다녀요.

11 결혼

问　我下个月要结婚了，这是我的请柬，请你来参加我的婚礼。

저 다음 달이면 결혼해요. 이거 청접장인데, 제 결혼식에 와 주세요.

答　是吗？你们可真般配。我一定送你一份大礼。

그래요? 당신들 정말 잘 어울려요. 꼭 좋은 선물을 준비해 줄게요.

恭喜你啊，你们可真的是天造地设的一对。

당신들은 세상에 둘도 없는 한 쌍이에요.

恭喜你们，祝你们百年好合，家庭和睦，早生贵子。

축하해요, 당신들의 백년해로를 바랄게요.

화목한 가정 이루고 얼른 아이 낳고, 만사형통하길 기원할게요.

真的！真是太羡慕你了，我什么时候能结婚啊？

정말요! 당신이 너무 부러워요. 난 언제 결혼할 수 있을지 모르겠네요.

问　　谢谢你来参加我的生日宴。

内 생일 파티에 참여해 주셔서 감사합니다.

答　　祝你生日快乐啊！

생일 축하합니다.

祝您福如东海寿比南山！

만수무강하십시오.

祝您身体健康长命百岁！

오래오래 100세까지 장수하십시오.

祝你年年有今日岁岁有今朝。

이렇게 기쁜 날이 계속되길 바랍니다.

问   你最近怎么了，怎么总是没精打采，闷闷不乐，哭丧着脸？

너 요즘 왜 그래, 어쩜 계속 이렇게 정신없고, 우울해 보이고, 얼굴을 찌푸리고 있니?

答   最近工作压力太大了，把我累得半死。我真的觉得心力交瘁啊。

최근 업무 스트레스가 무척 커서요, 마음과 몸이 지칠 대로 지쳤어요.

最近可能常常通宵，身体有点支持不住了。

아마 최근 자주 야근을 해서, 몸이 견뎌내질 못해서 그래요.

最近家里有一点不如意的事，谢谢你的关心，
我想很快会过去的。

최근 집에 일이 좀 생겨서요, 관심 가져줘서 고마워요. 곧 지나갈 거예요.

最近身体有一点不太舒服，没关系不是什么大毛病。

최근 건강이 좀 좋지 않아서요, 괜찮아요, 큰 병은 아니에요.

14 부탁하기

问　　我有点事，想请你帮忙。

나 일이 좀 있어서 당신에게 도움을 청하고 싶어요.

答　　没问题，有什么需要帮忙的你尽管说。我一定尽力帮你。

괜찮아요, 어떤 도움이든 필요하면 얼른 말하세요.

什么事，你说吧，我一定尽力帮你。

무슨 일이에요. 말하세요. 제가 온 힘을 다해서 도울게요.

我很乐意为你效劳。

당신을 위해 즐거운 마음으로 열심히 도울게요.

没问题，能帮忙的，我一定帮。

내가 도울 수 있는 일은 반드시 도와드릴게요.

问　我们这次休假去旅个游怎么样？

우리 이번 휴가에 여행 가는 거 어때요?

答　太好了，正好去散散心，放松放松心情。

너무 좋아요, 기분 전환하고 마음 좀 가볍게 하기에 딱이네요.

我早就想去了，一直抽不出时间，一定要好好计划计划。

나 전부터 가고 싶었어요, 줄곧 시간을 낼 수 없었는데, 꼭 계획 잘 세워 봅시다.

恐怕不行，我们公司最近业务量很大，我恐怕抽不出时间。

아마도 안 될 거 같아요, 우리 회사 요즘 업무량이 너무 많아서 시간을 못 낼 거 같아요.

我问过公司了，今年的休假都被取消了，我们的计划又要落空了。

제가 회사에 물어봤는데 올해 휴가가 모두 취소됐대요, 계획이 또 수포로 돌아갔네요.

问　　你看，这件衣服怎么样？

이것 봐, 이 옷 어때?

答　　太漂亮了，这件衣服很适合你。

너무 예쁘다, 이 옷 너한테 참 잘 어울려.

你穿上这件衣服显得很有气质。

네가 이 옷 입으니까 확실히 분위기 있다.

我觉得这件衣服太花哨了，不太适合你这个年龄段的人穿。

내 생각에 이 옷은 너무 화려한 것 같아, 네 나이대에 입기엔 그다지 어울리는 것 같지 않아.

再合适不过了，你的眼光真不错。（你真有眼光）

더 잘 어울리는 것은 없을 거야, 너 정말 물건 고를 줄 아는구나. (有眼光　보는 눈 있구나.)

17 주문하기

问　请问二位想吃点什么？

두 분 뭐 주문하시겠습니까?

答　请给我们每人一份A套餐。

우리 각 A 세트 하나씩 주세요.

您能给我推荐一下这里的拿手菜(特色菜、招牌菜)吗？

우리에게 여기에서 최고의 음식을 좀 추천해 주시겠어요?

亲爱的，你做主吧，你对这里比较熟悉。

자기가 시켜요, 당신이 여길 잘 아시잖아요.

我吃什么都可以，你点你喜欢的吃吧。

난 무엇을 먹어도 다 괜찮으니 당신이 좋아하는 걸로 시켜요.

问　　最近降温了，你多穿点，小心感冒。

최근 기온이 많이 떨어졌으니, 옷을 많이 입고, 감기 조심하세요.

答　　谢谢你，你总是那么体贴。

고마워요, 어쩜 이렇게 자상하세요.

谢谢你的关心，我会注意的。

관심 가져줘서 고마워요. 조심할게요.

谢谢你的提醒，你太会照顾人了。

알려줘서(일깨워줘서) 고마워요, 정말 자상하시네요.

问题 ：周末你常常做什么？

回答1：看电影。

回答2：我有时候在家看电视，有时候和朋友一起见面，聊天、看电影什么的。

번역　문제　：당신은 주말에 늘 무엇을 하십니까?

답안1：영화를 봅니다.

답안2：어떤 때는 집에서 TV를 보고 어떤 때는 친구를 만나서 수다도 떨고 영화도 보곤 합니다.

4부분은 일상적인 화제 예를 들어 취미, 생활습관, 어떠한 경험 등과 같은 문제로 이루어졌습니다. 총 5문항이고 생각할 시간은 15초이며 답변시간은 25초입니다. 문장의 완성도와 단어 선택이 평가 기준이므로 최대한 주어, 술어가 모두 갖추어진 완성된 문장으로 답을 하시면 보다 높은 점수를 받을 수 있습니다. 보기의 답1과 답2는 모두 정확한 답이라고 볼 수 있습니다. 하지만 답2의 완성도가 훨씬 높으므로 높은 점수를 받을 수 있을 것입니다.

당신의 스트레스는 큽니까? 당신은 어떻게 스트레스를 해소합니까?

答案1 ： 我认为每个人都有各自的压力，当然我也不例外。我平时的生活节奏很快，工作压力非常大。我缓解压力的方式就是周末的时候和朋友们见见面，向他们诉说我生活中的烦恼，也倾听他们的烦心事。互相倾诉过后，心情会好很多。

저는 모든 사람이 모두 각자의 스트레스가 있다고 생각합니다. 저도 예외가 아닙니다. 평소 저는 생활리듬이 매우 빠르고 업무 스트레스도 아주 큽니다. 제가 스트레스를 완화하는 방식은 주말에 친구들과 만나서 저의 고민을 친구에게 털어놓고 친구들의 고민도 듣는 것입니다. 이것저것 말하고 나면 마음이 한결 가벼워집니다.

答案2 ： 我缓解压力的方式就是给自己找一个兴趣爱好。我的爱好就是运动，不是在健身房，而是走进自然，爬山、钓鱼、潜水、骑自行车……等等。在自然中我可以呼吸新鲜空气，锻炼身体，放松自己。

저의 스트레스 해소법은 취미를 하나 찾는 것입니다. 저의 취미는 운동입니다. 하지만 헬스클럽에서 운동하는 것이 아니라, 자연으로 들어가 등산, 낚시, 잠수, 자전거 타기 등을 합니다. 자연에서 신선한 공기를 마시고 신체를 단련하며 휴식을 취할 수 있습니다.

答案3 ： 我的孩子高三了，学业压力很大，所以我常常给他做各种各样的美味佳肴。一方面是为了给他好好补补身子，让他再接再厉。另一方面也是为了帮他缓解压力。高三一年下来，他竟然胖了5公斤。

제 아이는 고3이 되어 학업 스트레스가 아주 큽니다. 그래서 저는 늘 여러 가지 맛있는 요리를 해 줍니다. 한편으로는 아이에게 몸보신을 해주어 한 층 더 분발하도록 하기 위해서이고 다른 한편으로는 스트레스를 줄여 주기 위해서입니다. 고3 1년 동안 아이는 놀랍게도 살이 5킬로 쪘습니다.

答案4 ： 我是一个大四的学生，面临毕业我正在准备找工作。现在经济不太景气，就业压力很大。所以为了毕业以后能够找到一份理想的工作，不但要在专业课方面下功夫，还要准备托业考试，相关的资格证书，压力非常大。

저는 대학교 4학년 학생입니다. 졸업을 앞두고 지금 취직 준비를 하고 있습니다. 지금 불경기로 인해 취직 스트레스가 아주 큽니다. 그렇기 때문에 졸업 후 좋은 직장을 얻기 위해서는 전공 공부에 공을 들여야 할 뿐만 아니라 토익점수며 여러 가지 자격증을 준비해야 합니다. 그래서 스트레스가 매우 큽니다.

당신의 취미는 무엇입니까? 당신의 여가생활 방식은 무엇입니까?

答案1 ： 我是一个驴友，非常喜欢旅游，上大学时每到假期我就背起行囊出门远行。现在工作了，没有了寒暑假，但是如果有2到3天的小假期我会安排国内的短途旅行。如果有长假期，我便会安排出国旅行这样的长途旅行。旅行使我能够快速的适应新的环境，提高了我的自力更生的能力，也增加了我的见闻。

저는 배낭여행을 즐기는 사람입니다. 저는 여행을 좋아해서 대학 때 방학이면 배낭을 메고 여행을 떠났습니다. 지금은 일하게 되어 방학이 없어 만약 2~3일의 짧은 휴가가 있으며 단거리 국내여행을 계획하고, 긴 휴가가 있으면 해외여행과 같은 장거리 여행을 계획하곤 합니다. 여행은 저로 하여금 빠르게 새로운 환경에 적응하게 하고, 자립심을 향상시키며 저의 견문도 넓혀줄 수 있습니다.

答案2 ： 我没有什么特别的兴趣爱好，只是喜欢美食，因此有时间时我会在网络上搜索有名的小店美餐一顿。同时我也报了一个烹饪班学习烹饪，不仅可以满足自己的食欲，还可以给我的家人做丰盛的食物，感到非常的有成就感。

저는 특별한 취미가 없습니다. 단지 맛있는 음식을 좋아할 뿐입니다. 그래서 시간만 나면 인터넷으로 맛집을 검색하여 음식을 먹곤 합니다. 또한, 저는 요리학원에 등록하여 요리법을 배웠습니다. 이는 저의 식욕을 만족시켜줬을 뿐만 아니라 제 가족들에게도 맛있는 음식을 만들어 줄 수 있어 성취감을 느낄 수 있습니다.

答案3 ： 我很喜欢阅读。找一个安静的咖啡屋一边喝咖啡，一边看书，非常的惬意。都说"书中自有黄金屋，书中自有颜如玉"，通过阅读我可以获得很多知识，也可以放松心情。同样每当读小说，旅行随笔的时候，仿佛我自己亲身经历的那些故事，很有意思。

저는 독서를 아주 좋아합니다. 그래서 조용한 카페를 찾아 커피를 마시면서 독서를 하는 것이 매우 만족스럽습니다. '책 속에는 뭐든지 있다'는 옛말이 있습니다. 독서를 통해 다양한 지식을 얻을 수 있을 뿐만 아니라 스트레스도 풀 수 있습니다. 또 매번 소설이나 여행수필을 읽을 때마다 마치 내가 직접 겪은 것 같아 아주 재밌습니다.

당신은 애완동물을 키웁니까? 애완동물을 키우는 것은 어떤 좋은 점과 나쁜 점이 있습니까?

答案1 ： 我们家养了一只狗，因为我是独生女，所以常常感到很寂寞。正因为有了这只狗陪我，所以我才没有感到那么寂寞。同时这只狗还让我学会了如何照顾人，也让我有了更多的责任心。因此我认为养一只宠物对培养小朋友的责任感很有帮助。

우리 집은 개를 한 마리 키우고 있습니다. 저는 외동딸이라 늘 외롭습니다. 하지만 이 개가 있어 그렇게 외롭지 않고, 제가 어떻게 다른 사람을 돌봐야 하는지 배우게 되었으며 더 많은 책임감을 가지게 되었습니다. 그러므로 저는 애완동물을 키우면 어린이의 책임감을 높이는 데 도움이 된다고 생각합니다.

答案2 ： 父亲母亲年纪大了退休在家里很无聊，而我们兄弟姐妹几人的工作都很忙，所以没有时间常常去探望他们。我们几个人商量后，给父母买了一只小狗，让它替我们这些子女陪父母解闷。自从有了这个小东西，我们真的放心了不少。

저의 부모님께서는 연세가 많아 퇴직 후 집에서 적적해하십니다. 저의 형제자매들이 바빠 부모님을 살필 시간이 없어서 상의 끝에 부모님께 강아지 한 마리를 사 드렸습니다. 이 녀석이 우리 대신 부모님의 적적함을 덜어드렸고, 이 녀석이 있는 다음부터 우리도 많이 안심할 수 있었습니다.

答案3 ： 妹妹每天吵着要养宠物，父母拗不过她，给她买了一只狗。开始的时候她还算比较努力照顾这只小东西，可是最后照顾它的工作都成了妈妈的，喂食、洗澡、收拾……给妈妈增加了很多负担。后来妈妈太辛苦了我们把这只狗送给了朋友。所以我很不同意这样不负责地养宠物。

여동생이 하도 애완동물을 키우겠다고 떼를 부려, 부모님께서 어쩔 수 없이 그녀에게 강아지 한 마리를 사주었습니다. 처음에 동생은 그 녀석을 열심히 잘 돌보는 편이었습니다. 하지만 시간이 갈수록 그 녀석을 돌보는 것은 모두 엄마의 몫이 되었습니다. 먹이를 주고, 씻겨 주고, 정리하고…, 엄마에게 많은 부담을 가져다주었습니다. 그 후 엄마가 너무 힘들어하셔서 강아지를 친구한테 보냈습니다. 그래서 저는 이렇게 무책임하게 애완동물을 키우는 것을 반대합니다.

 你觉得幸福是什么？你觉得最幸福的瞬间是什么时候？

당신은 행복이 무엇이라고 생각합니까? 당신이 가장 행복한 순간은 언제 입니까?

答案1 ： 我觉得幸福是一种被认可的感觉。前段时间公司说我的工作表现好，给了我一笔非常丰厚的奖金，我真的觉得很幸福。不仅是因为可以用这笔奖金给自己和家人买一些心仪已久的礼物，更重要的是，自己的努力受到了认可。

제 생각에 행복은 인정받는 느낌입니다. 전에 저의 일하는 태도가 훌륭하다고 회사에서 저에게 두둑한 보너스를 주었습니다. 정말 행복했습니다. 보너스로 저와 가족에게 오랫동안 갖고 싶었던 선물을 사줄 수 있었습니다. 하지만 더 중요한 것은 저의 노력이 인정을 받았다는 것이었습니다.

答案2 ： 我认为幸福并不是一个什么了不起的事，幸福在我们平凡的生活中。累了一周周末可以睡个懒觉是一种幸福，和久违的朋友小酌一杯也是一种幸福，而我和我爱的人拥有健康更是一种莫大的幸福。

저는 행복이 그리 대단한 것이 아니라고 생각합니다. 행복은 우리의 평범한 일상에 있다고 생각합니다. 한 주 동안 힘들게 일을 하고 주말에 늦잠 잘 수 있는 것이 행복이고, 오랫동안 만나지 못했던 친구들과 술 한잔 하는 것도 행복이며, 저와 제가 사랑하는 사람들이 건강한 것도 더없이 큰 행복이라고 생각합니다.

答案3 ： 我认为对于幸福，仁者见仁智者见智，一百个人可能有一百个答案。我认为平凡之中孕育伟大。在我看来能够安居乐业就是幸福。我现在家庭美满，工作稳定。可能有些人觉得我不太积极进取，但是我真的觉得自己很幸福。

행복에 관해선 사람마다 생각이 다릅니다. 백 명에게 백 가지 답이 있을 것입니다. 저는 평범함 속에 위대함이 있다고 생각합니다. 제가 보았을 때 안정적인 생활을 누릴 수 있는 것이 행복이라고 생각합니다. 지금 저는 가정이 원만하고 직업이 안정적입니다. 어떤 사람은 제가 진취적인 생각이 없다고 할 수 있겠지만 전 정말 행복합니다.

答案1 : 我很喜欢看电影，但是我比较喜欢看国产片。因为我的英语不是很好，看外国电影时，如果没有配音常常因为忙着看字幕而错过很多重要的场景。更重要的是因为文化差异，所以不能和剧中人物产生共鸣，感到很遗憾。而且如今国产电影的制作水平越来越高，演员们的演技也非常出众，每次我看过电影都是满意而归。

저는 영화를 좋아합니다. 저는 국산영화를 좋아하는 편입니다. 제가 영어를 잘 못해 외국영화를 볼 때 더빙이 없으면 자막을 보는 데 급급해 좋은 장면을 많이 놓치게 됩니다. 더 중요한 것은 문화 차이로 인해 영화 속의 주인공과 공감을 할 수 없어 많이 아쉽습니다. 게다가 요즘 국산영화의 제작 수준도 많이 향상되었고 연기자들의 연기력도 뛰어나 매번 영화를 볼 때마다 모두 만족해서 돌아올 수 있었습니다.

答案2 : 我很喜欢看电影，不仅是国产片，我也常常看外国电影。看外国电影不仅可以帮助我学习外语，还可以了解外国的风土人情，使我学到了很多东西。但是在我们国家上映的外国电影很有限，所以我常常利用网络下载，然后收看。

저는 영화를 좋아합니다. 국산영화뿐만 아니라 외국영화도 자주 봅니다. 외국 영화를 보면 저의 외국어 공부에 도움이 될 뿐만 아니라 외국의 특색과 풍습을 이해할 수 있어 다양한 지식을 배울 수 있습니다. 하지만 우리나라에 상영된 외국 영화의 수가 제한적이어서 저는 자주 인터넷으로 다운로드해서 봅니다.

答案3 : 我很喜欢看电影，国产片、进口片、言情片、动作片……我都很喜欢看，因为看电影能使我感到轻松，所以每到周末，我都会利用优惠券去看一场电影，经济又实惠。

저는 영화를 아주 좋아합니다. 국산 영화, 외국 영화, 로맨스 영화, 액션 영화…… 모두 좋아합니다. 영화를 보면 스트레스를 완화할 수 있어 주말만 되면 할인쿠폰을 이용해서 영화를 봅니다. 경제적이고 실용적입니다.

答案1 ： 我们家是一个比较传统的韩国家庭，爸爸在外边工作，妈妈是一个家庭主妇负责所有家务。但是到了周末或者大扫除的时候爸爸也会很体贴地帮助妈妈做一些家务，其实爸爸做菜的手艺很不错，只是没有那么多时间做。他们各自理解对方，对于这种分配方式并没什么不满意的地方。

저의 집은 전통적인 한국 가정입니다. 아버지가 일하시고 어머니는 가정주부로 모든 가사를 부담하고 있습니다. 하지만 주말이나 대청소를 할 때면 아버지도 자상하게 어머니를 도와 가사를 합니다. 사실 아버지의 요리 솜씨도 괜찮습니다. 단지 할 시간이 없을 뿐입니다. 아버지와 어머니는 서로 이해하며 이러한 역할 분담에 대해 아무런 불만도 없습니다.

答案2 ： 我和我的爱人都要工作，所以家务也是共同承担。太太负责做饭，我负责洗碗；她洗衣服，我会打扫房间。我身边的朋友们大部分也都是这样，过去那种"男主外女主内"的传统分配方式在年轻人之中已经不太盛行了。

저와 아내는 모두 직장이 있습니다. 그래서 가사도 공동으로 분담하고 있습니다. 아내는 요리, 저는 설거지를 책임지고 아내가 빨래를 하면 저는 청소를 담당합니다. 제 주변의 대다수 친구도 이렇게 살고 있습니다. 과거 '남자가 바깥일을 맡고 여자가 집안일을 맡는다'는 전통적인 분담 방식은 젊은 부부 사이에서 이미 유행하지 않습니다.

答案3 ： 我和爱人工作很忙平时几乎都不在家吃饭，三天两头的加班，常常到了深夜才能回家，回家洗漱后倒头就睡。难得到了周末更是只想休息，没有心思做家务。于是我们请了一个小时工，每周来家里为我们做家务。虽然费用方面有点压力，但是这样不仅使我们有了充分的休息，也有了一定的休闲娱乐的时间。

저와 아내는 평소에 모두 일이 많아 거의 집에서 밥을 먹지 않습니다. 하루가 멀다고 야근을 하고 늘 심야가 되어서야 귀가할 수 있어 집으로 돌아와도 씻고 바로 잡니다. 오랜만에 주말이 되면 쉬고만 싶지 집안일 할 생각이 없습니다. 그래서 우리는 가사도우미를 한 명 구했습니다. 매주 집으로 오셔서 청소를 하곤 합니다. 경제적으로 조금 부담스럽지만 우리는 충분한 휴식을 취할 수 있었고 어느 정도의 여가 생활도 즐길 수 있었습니다.

당신과 당신의 배우자는 어떻게 만났고 지금까지 사귀게 되었습니까?

答案1 ： 我和我的爱人是在一家咖啡厅偶遇的。那天我觉得她很漂亮，可以说是对她一见钟情。我鼓足了勇气主动上去跟她搭话。那一天虽然是我们第一次见面，但是我们很快就发现彼此志趣相投、心意相通，像是认识了很久的老朋友，所以我们开始了我们的恋爱。

저와 저의 아내는 커피숍에서 우연히 만났습니다. 그때 저는 아내가 매우 예뻐 첫눈에 반했다고 말할 수 있습니다. 그래서 저는 용기를 내어 먼저 다가가 아내에게 말을 걸었습니다. 그날은 우리의 첫 만남이었지만 서로의 이상과 취미가 비슷했고, 마음이 통했습니다. 마치 오랫동안 알아 온 옛 친구 같았습니다. 그래서 우리는 연애를 시작하였습니다.

答案2 ： 我和我的爱人是日久生情的。在大学的时候，我们是同一个社团的成员，常常一起参加社团活动。我们在一起经历了很多，经过长时间的相处和了解，我们发现对方很适合自己，是一个值得托付终身的对象，所以我开始了恋爱。

저와 저의 아내는 알고 지낸지 오래되어 정이 생겼습니다. 대학교 때 우리는 같은 동아리 구성원이었습니다. 그래서 우리는 늘 동아리 활동에 참가하였습니다. 우리는 함께 많은 것들을 겪어 왔고 오랜 시간 함께 지내고 알아왔습니다. 그 결과 우리는 서로가 서로에게 잘 어울리고 결혼 상대라는 것을 알게 되었습니다. 그래서 우리는 연애를 시작하였습니다.

答案3 ： 我们是相亲认识的。虽然在现在的年轻人看来，通过媒人介绍的这种方式比起自由恋爱土气很多，但是因为我们见面之前已经非常了解了彼此的情况，所以我们一见如故，一拍即合。很快就坠入了爱河。

저희는 맞선을 봐서 알게 되었습니다. 비록 요즘 젊은이들이 봤을 때 중매인을 통해 소개받는 방식이 자유연애보다 아주 촌스럽다고 생각하겠지만, 저희는 만나기 전에 이미 서로의 상황을 잘 알았기 때문에 한번 보고도 오랜 친구처럼 친해졌고 아주 빨리 사랑에 빠졌습니다.

答案4 ： 我和我的爱人是自由恋爱。我们是在好朋友的生日聚会上认识的，那天我们很聊得来，所以互相留了彼此的电话。后来几乎天天互发短信，互通电话。经过一段时间的了解后，我就鼓起勇气向她表白，追了她很长时间。最后她被我的诚意打动了，答应做我的女朋友。

저와 저의 아내는 자유연애를 했습니다. 우리는 친구의 생일 파티에서 알게 되었습니다. 그날 우리는 말이 잘 통했습니다. 그래서 서로 전화번호를 교환했습니다. 그 후 우리는 거의 매일 문자를 보내고 통화를 했습니다. 어느 정도 서로 알게 된 후 제가 용기를 내서 그녀에게 고백했습니다. 제가 오랜 시간 동안 구애한 결과 그녀는 저의 진심에 감동을 하여 저의 여자 친구가 되었습니다.

당신은 '월광족'입니까? 당신은 당신의 소득을 어떻게 관리합니까?

答案1 : 我不是一个月光族，从小我的父母就教育我要勤俭节约，所以我尽量不浪费每一分钱。开始工作的同时我就到银行开了一个零存整取的账号。现在已经有了相当可观的存款。我认为一定要有计划地消费。

저는 '월광족'이 아닙니다. 제가 어렸을 때부터 부모님은 절약해야 한다고 가르쳤습니다. 그래서 저는 한 푼이라도 아껴쓰는 편입니다. 일을 시작하자마자 저는 은행에 가서 적금통장을 만들었습니다. 지금 이미 상당한 금액의 잔액이 있습니다. 저는 반드시 계획 있게 소비를 해야 한다고 생각합니다.

答案2 : 我是一个月光族，但不是因为我浪费。我背井离乡，一个人来到首尔打拼，每个月房租水电等日常生活的开销非常的大，如今物价上升，我更是捉襟见肘，但是我一定要好好打理一下我的工资，努力工作摆脱"月光一族"。

저는 '월광족'입니다. 하지만 제가 낭비를 해서가 아니라 제가 고향을 떠나 홀로 서울에 올라와 일하다 보니 매달 월세, 수도료, 전기료 등의 일상생활 관련 지출이 아주 크기 때문입니다. 지금 물가가 폭등하고 있어 더 힘듭니다. 하지만 저는 반드시 저의 월급을 잘 관리를 하고 열심히 일해서 '월광족'에서 탈출할 것입니다.

答案3 : 我是一个月光族，上大学时为了减轻父母的压力，我通过助学贷款自己负担了我所有的学费和生活费。虽然现在很努力地工作，但是还了本息几乎没有什么剩余。不过我相信阳光总在风雨后，我为自己自食其力的精神感到骄傲。

저는 '월광족'입니다. 대학교에 다닐 때 저는 부모님의 부담을 덜어드리기 위해서 학자금 대출을 받아 혼자 힘으로 모든 등록금과 생활비를 부담했습니다. 지금 열심히 일하고 있지만, 원금과 이자를 갚고 나면 거의 남는 것이 없습니다. 하지만 저는 비가 내린 후 땅이 더 굳어진다고 믿습니다. 또 저의 이러한 자립심이 자랑스럽습니다.

答案4 : 我不是月光族。每天我都会记账，每个星期我还会分类整理，看看这个伙食费是多少，交通费、通讯费。。。等等是多少。这样整理以后，如果哪个地方花的有点多了，下个月就提醒自己省一省。虽然因为现在工资有限，所以还没有多少存款，但是我想只要我细心打理，一定能够有所成效。

저는 '월광족'이 아닙니다. 저는 매일 장부를 적습니다. 또 매주 분류해서 정리합니다. 식비, 교통비, 통신비 등이 각각 얼마인지를 정리하고 지출이 큰 부분이 있으면, 다음 달에는 아껴 써야 한다고 저 자신을 타이릅니다. 소득이 높지 않아 아직 저금을 많이 할 수는 없지만, 소득을 잘 관리하면 결실을 볼 수 있을 것이라고 믿습니다.

한국은 주류 소비 대국입니다. 당신은 어떻습니까? 술을 좋아합니까?

答案1 : 我个人不太喜欢喝酒。每次喝酒以后，第二天都会头晕拉肚子。我想不论多贵的酒都会伤害身体，所以不但我不喝，我也劝的身边的人尽量少喝。特别是那些喝了酒以后自我控制能力比较差，常常闯祸的朋友，我更是劝他们不要喝酒。所以我觉得酒这种东西还是少喝为妙。

저는 술을 좋아하지 않습니다. 매번 술을 마시면 다음 날 어지럽고 설사를 하게 됩니다. 저의 생각엔 아무리 값비싼 술일지라도 모두 몸에 안 좋을 것으로 생각합니다. 그래서 저는 술을 안 마실 뿐만 아니라 주변 친구들에게도 최대한 적게 마시라고 권합니다. 특히 음주 후 자제능력이 약해서 자주 사고를 치는 친구들이라면 더욱 술을 마시지 말라고 권합니다. 따라서 술 같은 것은 적게 마실수록 좋다고 생각합니다.

答案2 : 我下班以后常常会和同事们喝上两杯，这样不仅可以缓解工作压力，还可以和同事们联络感情。工作的时间，大家都忙于完成各自的任务，很少有交流。但是下班后一边喝酒一边交流，从工作中遇到的问题，到各自的家庭琐事。我们不仅更加了解彼此，还解除了不少工作中的误会，对工作也有了很大的帮助。

저는 퇴근 후 동료들과 한 잔 마시는 것을 즐깁니다. 술을 마시면 업무로 인한 스트레스를 없앨 수 있을 뿐만 아니라 동료들과 감정을 나눌 수도 있습니다. 업무시간에는 다들 자신의 업무에 집중하느라 교류가 아주 적습니다. 퇴근 후 술을 한잔 하며 교류를 할 수 있습니다. 하지만 업무 중 부딪힌 어려움에서부터 가정에서의 사소한 일까지 퇴근 후 술을 한잔 하며 교류를 할 수 있습니다. 우리는 서로 더 잘 이해할 수 있을 뿐만 아니라 업무 중에 있었던 오해도 풀 수 있어 업무에 큰 도움이 되었습니다.

答案3 : 我本来很喜欢喝酒，而且因为工作的关系有很多的应酬。可是几年前得了一场重病，不能说都是因为酒造成的，多喝终究对身体无益。所以痊愈之后不但非常注意生活习惯，更是滴酒不沾。虽然戒酒的过程比较辛苦，但是为了健康我还是坚持下来了。

저는 원래 술을 매우 좋아했습니다. 업무 관계로 술자리도 많았습니다. 하지만 몇 년 전 저는 크게 아팠습니다. 모두 술 때문이라고 말할 수는 없지만 술을 마시는 것은 결국 몸에 좋지 않습니다. 완치된 이후부터 생활 습관을 주의할 뿐만 아니라 술을 아예 끊었습니다. 술을 끊는 과정은 힘들었지만, 건강을 위해서 버텨냈습니다.

당신은 평소에 유행에 민감합니까? 당신은 유행을 따르는 사람입니까?

答案1 : 我不是一个赶时髦的人。我觉得只要穿着干净得体就可以，不一定要穿什么最流行的。

저는 유행을 따르지 않습니다. 옷차림이 깨끗하고 상황에 맞으면 된다고 생각합니다. 꼭 가장 유행하는 옷을 입을 필요는 없다고 봅니다.

答案2 : 我不是一个追逐时尚的人。当然好看的衣服谁都喜欢，但是关注时尚，要有很大的投入，比如买杂志等等。我认为重要的不是穿什么名牌，而是是有自己的个性，穿出自己的风格。

저는 유행에 관심이 없습니다. 물론 사람은 누구나 예쁜 옷을 좋아하기 마련입니다. 하지만 패션에 관심을 가지려면 패션 잡지를 구독하는 등 투자를 많이 해야 합니다. 제 생각에 중요한 것은 어떤 명품을 입느냐가 아니라 자신의 개성이 있느냐 없느냐입니다. 자신의 스타일을 살려 옷을 입어야 한다고 생각합니다.

答案3 : 因为工作的关系，上班的时间不是穿公司制服，就是穿正装。到了周末，大部分情况下是穿着家居服呆在家里，就算是出门也只是简单的T恤和牛仔裤，这样一身休闲装。所以我认为我是一个跟时尚不沾边儿的人。

직업 특성상 업무 시간에는 회사의 유니폼이 아니면 정장 차림입니다. 주말이 되면 거의 홈웨어 차림으로 집에 있습니다. 나가더라도 간단하게 티셔츠에 청바지를 입는 등 편한 옷차림을 합니다. 그래서 저는 패션과 아무 상관이 없는 사람이라고 말할 수 있습니다.

答案4 : 我是一个潮人，我认为要在年轻的时候打扮的漂漂亮亮的，因为青春一去不复返。而且我不认为好看的衣服一定就是贵的。只要搭配得当并不一定要买名牌，也能穿出时尚的味道。

저는 유행의 선두주자입니다. 저는 젊었을 때 예쁘게 차려입어야 한다고 생각합니다. 청춘이란 한 번 가면 다시 돌아오지 않기 때문입니다. 그리고 저는 예쁜 옷이 반드시 비싸다고 생각하지 않습니다. 옷을 잘 매치하면 명품이 아니더라도 세련된 느낌을 낼 수 있습니다.

당신은 당신의 몸매에 만족합니까?
당신은 다이어트계획을 짰던 경험이나 다이어트를 할 계획이 있습니까?

答案1 ：我虽然不是很胖，我仍然在坚持减肥。因为我认为，好的身材不是靠几天的突击减肥就能够获得，而是需要长时间管理才能维持。所以虽然我自己并不认为我在减肥，但是在别人的眼里，我天天在减肥。

저는 뚱뚱한 편은 아니지만 계속 다이어트를 하고 있습니다. 전 좋은 몸매는 단기 다이어트로 얻을 수 있는 것이 아니라 장기간 관리를 통해야만 유지할 수 있다고 생각합니다. 그래서 저는 제가 다이어트를 하고 있다고 생각하지 않지만 다른 사람들이 봤을 때 저는 매일 다이어트를 하고 있습니다.

答案2 ：我常常制定减肥计划，但是每次达到目标体重后，我就会放松警惕，身材就会反弹。反反复复，于是这次我痛下决心制定了一个长期的减肥计划，为了保持一个健美的身材。但是我的减肥计划中没有像绝食这样的极端的方法，只是坚持锻炼，和不食用高热量的食物而已。

저는 늘 다이어트 계획을 세웁니다. 하지만 매번 목표 체중에 도달한 후 경계심을 늦추어 원래대로 되돌아옵니다. 이렇게 계속 반복하다, 이번에는 단단히 결심하고 좋은 몸매를 유지하기 위해서 장기 다이어트계획을 세웠습니다. 하지만 저의 계획에는 단식과 같은 극단적인 방법은 없고 단지 운동을 꾸준히 하고 고열량 식품을 안 먹는 것뿐입니다.

答案3 ：本来我的身材很好，但是工作以后，常常有聚会，常常要喝酒。所以渐渐地就有了啤酒肚，为了解决这个问题，我的健身教练为我量身制定了一个腹部减肥计划。我按照他的指导锻炼了一段时间效果非常的好。所以我决定以后少喝酒，多锻炼。

원래 저의 몸매는 아주 좋았지만 일을 하게 된 이후 모임이 많아져 자주 술을 마시게 되었습니다. 그래서 점차 술배가 생기게 되었습니다. 이 문제를 해결하기 위해 저의 헬스 코치가 저를 위해 맞춤형 복부 다이어트 계획을 세웠습니다. 한동안 코치의 지도에 따라 운동을 했더니 효과가 아주 좋았습니다. 그래서 앞으로는 술을 적게 마시고 운동을 많이 하기로 결심했습니다.

당신은 당신 배우자의 핸드폰을 몰래 본 적이 있습니까?
당신의 부모는 당신의 일기를 몰래 본 적이 있습니까? 이 문제를 어떻게 생각합니까?

答案1：在我上学的时候，我的妈妈常常偷偷地看我的日记。我知道她是处于对我的关心，想要了解我的情况。但是我仍然觉得那是侵犯我的隐私，心理不是滋味。后来我很小心地保管我的日记，在我的抽屉上加了一把锁，以防我的妈妈偷看。

제가 학교 다닐 때 저의 어머니는 늘 저의 일기를 몰래 보았습니다. 어머니가 저를 걱정하셔서 저의 상황을 알고 싶어서 그렇게 하셨다는 것을 압니다. 하지만 일기는 저의 프라이버시라고 생각하기 때문에 많이 서운했습니다. 그 후 저는 일기를 아주 조심스럽게 보관하고 서랍에 자물쇠를 달았습니다. 어머니가 몰래 보시는 것을 대비하기 위해서 말입니다.

答案2：我有一次发现我的爱人在看我的手机短信。虽然没有什么见不得人的事，但是我还是很不舒服。因为我觉得她不相信我，其实有什么怀疑我的地方，她可以当面锣对面鼓地问我，我一定会毫无保留地告诉她。没有必要偷偷摸摸的，这样时间长了两个人之间一定会有隔阂。

하루는 제 아내가 저의 휴대폰 문자메시지를 보는 것을 보았습니다. 뭐 숨길 것은 없지만, 많이 서운했습니다. 왜냐하면 아내가 저를 믿지 못하는 것 같아서입니다. 사실 무슨 의심 가는 부분이 있어 저에게 직접 물어본다면 저는 분명 조금도 숨기는 것 없이 알려 줄 수 있습니다. 그렇기 때문에 몰래 볼 필요가 없습니다. 이렇게 오랜 시간이 지나면 둘 사이의 관계는 틀림없이 멀어 질 것입니다.

答案3：我的爱人有点小心眼儿，他常常翻看我的手机。我们也总会因为这件事争论不休。他这样的行为不仅影响了我们夫妻的感情，同时也影响到了我和其他异性朋友的正常交往。后来我干脆（索性）加了密码让他没有办法看。

제 남편은 마음이 조금 좁습니다. 그는 자주 저의 핸드폰을 봅니다. 저희는 늘 이 일 때문에 싸웠습니다. 그의 이러한 행동은 부부 사이를 멀어지게 했을 뿐만 아니라 저와 다른 이성의 정상적인 교제에도 영향을 주었습니다. 그 후 저는 아예 핸드폰에 비밀번호를 설정해 그가 볼 수 없게 하였습니다.

答案4：我认为两个人交往最重要的就是信任。虽然我的爱人还没有偷看过我的手机，但是如果他有这样的行为，我一定会非常的生气，甚至跟他分手。只要他不对我隐瞒什么，我也一定会对他开诚布公。

저는 두 사람이 사귀는 과정에서 가장 중요한 것은 믿음이라고 생각합니다. 제 남편은 아직 저의 핸드폰을 몰래 본 적은 없었지만, 그가 이러한 행동을 한다면 저는 분명 크게 화날 것이며 심지어 그와 헤어질 수도 있습니다. 그가 저에게 숨기는 것이 없다면 저 또한 속마음을 털어놓을 것입니다.

당신이 가장 많이 사용하는 교통수단은 무엇입니까? 그 이유는?

答案1 : 我最常使用的交通工具是地铁。因为我觉得地铁是最方便快捷的交通工具，它不会堵车，非常的准时。如今地铁网络遍布首尔市，不论去哪里都可以乘坐地铁，而且价格也比较便宜。

제가 가장 많이 사용하는 교통수단은 지하철입니다. 지하철이 가장 편리하고 빠른 교통수단이라고 생각하기 때문입니다. 지하철은 막히지 않고 정시에 도착하기 때문에 매우 좋습니다. 오늘날 서울의 지하철 노선은 거의 전국 곳곳에 깔려 있어 어디로 가든 지하철을 탈 수 있습니다. 게다가 가격도 저렴한 편입니다.

答案2 : 我们家离地铁站有段距离，要先坐公共汽车再换乘地铁。比较麻烦，所以我常常只坐公车。虽然偶尔会遇到堵车的情况，但是由于有公共汽车专用车道，大部分情况下都很畅通。所以我最常使用的交通工具是公共汽车。

우리 집과 지하철역은 거리가 조금 떨어져 있습니다. 지하철을 타려면 먼저 버스를 타고 다시 지하철로 갈아타야 해서 번거로워 늘 버스만 탑니다. 비록 가끔 막힐 때도 있지만, 버스 전용차로가 있어 대부분 상황에서는 매우 원활합니다. 그래서 제가 가장 자주 사용하는 교통수단은 버스입니다.

答案3 : 我比较喜欢私家车，虽然上下班高峰期常常会堵车，但是那样的时候可以自己在车里静静地休息或思考一些问题。现在的都市人，很少有一个完全属于自己的空间。特别是假期的时候可以自己开车去近郊放松一下，非常的方便。

저는 자가용을 좋아하는 편입니다. 비록 출퇴근 길이 자주 막히기는 하지만 그럴 때면 차에서 혼자 조용히 사색하는 시간을 가질 수 있습니다. 현대 도시인들은 자신만의 공간을 갖기 힘듭니다. 특히 휴가기간이 되면 자가용을 운전하여 근교로 가서 쉴 수 있어 아주 편리합니다.

答案4 : 我觉得比起出租车这样的交通工具，应该鼓励使用公共交通。因为这样可以缓解马路压力，还可以减少汽车尾气的排放量，保护环境。这也是为了每个人的生活和健康。所以虽然我有自己的车，但我很少开出来，大部分情况下都是使用公共交通。

택시 같은 교통수단과 비교했을 때 저는 대중교통을 이용하는 것을 더 추천합니다. 그러면 교통체증이 완화되고 배기가스 배출량도 줄일 수 있어 환경 보호에 도움이 됩니다. 이는 개개인의 생활과 건강과도 밀접하므로 저는 자가용이 있지만, 운전은 거의 안 하고 주로 대중교통을 이용합니다.

당신이 배우자를 선택하는 기준은 무엇입니까?

答案1 ： 我认为婚姻并不是两个人的事，而是两个家庭的事。因此不能一味的攀高枝，而是应该找一个与自己的家庭情况差不多的人。不仅是经济方面，更重要的是世界观、价值观、生活习惯方面。这样才能减少两家人的矛盾，维护婚姻的幸福。

혼인은 단지 두 사람의 일이이니라 두 가정의 일이라고 생각합니다. 그래서 자신보다 지위 높은 사람과 혼인을 맺는 것만을 원해서는 안 됩니다. 반드시 가정환경이 비슷한 사람과 결혼을 해야 한다고 생각합니다. 경제적인 면에서 비슷해야 할 뿐만 아니라 더 중요한 것은 세계관, 가치관, 생활습관 면에서도 같아야 합니다. 그래야만 양가 사이의 마찰을 줄일 수 있고 결혼생활을 행복하게 유지할 수 있습니다.

答案2 ： 我觉得在现代社会，过去那种门当户对的想法早就过时了。很多年轻人相信，只要两个人相爱就可以在一起组织一个家庭，父母也越来越尊重孩子们的选择。我也是这样想，我相信只要有爱，一切困难都能战胜。因此我认为两个人一定要非常相爱才能结婚。

오늘날 사회에서 남녀 두 집안이 엇비슷해야 한다는 과거의 생각은 이미 시대에 뒤떨어지는 생각입니다. 많은 젊은이는 두 사람이 서로 사랑하면 결혼할 수 있다고 생각합니다. 또 부모들도 자식들의 선택을 점점 존중해 주고 있습니다. 저도 그렇게 생각합니다. 사랑만 한다면 모든 것을 극복할 수 있다고 생각합니다. 그래서 두 사람이 반드시 서로 많이 사랑해야 결혼할 수 있다고 생각합니다.

答案3 ： 我是一个女孩子，女孩子都希望自己能够被照顾，被呵护。我也是这样，因此我觉得结婚对象的性格最重要。希望我的丈夫老实本分，有一份稳定的工作，有责任心，还要孝顺。最终要的是，我不希望丈夫太木讷，虽然不需要总搞什么惊喜，不过我觉得要常常对我说"爱我"，适当地表达自己的情感。

저는 여자입니다. 모든 여자는 자기를 보살펴 주는 사람을 만나려 합니다. 저도 마찬가지입니다. 그래서 가장 중요한 것은 배우자의 성격이라고 생각합니다. 저는 제 남편이 착실하고 본분을 잘 지키는 사람이었으면 좋겠습니다. 안정적인 직장이 있고 책임감이 있으며 부모님께 효도하는 사람 말입니다. 또 너무 무뚝뚝하지 않았으면 좋겠습니다. 이벤트를 자주 준비할 필요는 없지만, 저에게 자주 '사랑한다'고 말해 주고 자신의 마음을 적당히 표현해 주면 좋겠습니다.

당신은 평소에 어떻게 부모님께 효심을 표현합니까?

答案1 ：我一个人在首尔工作，而我的父母住在老家。我只有节假日才能去探望他们。因为父母平时生活很简朴，总是舍不得吃舍不得穿。所以每次去看他们都会给他们买很多营养品，健康食品，还有一些新衣服什么的。可是我渐渐发现，我走了以后他们还是舍不得用那些东西。真的不知道我这是不是真正的孝顺。

저는 혼자 서울에서 일하고 저의 부모님은 고향에서 살고 있습니다. 그래서 휴가 때만 부모님을 뵈러 갈 시간이 있습니다. 부모님은 소박하게 사셔서 평소에 먹고 입는 것들을 많이 아끼는 편입니다. 그래서 부모님을 보러 갈 때마다 보양 식품이나 새 옷을 사 드립니다. 하지만 제가 가고 나면 부모님은 또 절약하시느라 제가 사간 물건들을 쓰지 않습니다. 이런 게 정말 효도하는 건지는 모르겠네요.

答案2 ：我平时的工作很忙，虽然跟父母一起生活，但是连一起吃饭的次数都很少。我觉得自己很不孝顺。所以我每到周末都会陪在父母身边。帮助他们打扫房间，给他们做一些美味佳肴，陪他们运动，陪他聊天等等。而且每年休假会安排一次家庭旅行。

부모님과 같이 살고 있지만, 평소에 일이 바빠서 같이 밥을 먹는 일은 아주 드뭅니다. 너무 불효인 거 같아서 주말이면 부모님과 함께 시간을 보내면서 청소를 도와드리고 맛있는 음식도 만들어 드리며 같이 운동도 합니다. 또 부모님의 이야기를 들어 줍니다. 그리고 매년 휴가 때마다 가족여행을 갑니다.

答案3 ：我的父母虽然都退休了，但是他们每天都很忙。上各种培训班，参加各种聚会。我很支持他们这样丰富自己的晚年生活。他们虽然有退休金，我还是会给他们比较多的零用钱，让他们不要为钱担心。他们上个月又参加了一个老年旅行团去济州岛旅游去了。

저의 부모님은 모두 퇴직했지만, 매우 바쁘십니다. 학원도 많이 다니시고 모임도 자주 나가십니다. 저는 부모님께서 자신의 노후생활을 즐기도록 지원해 드립니다. 연금이 나오시만 용돈을 따로 드려서 돈 걱정을 안하시게 해 드립니다. 지난달, 부모님은 노인 여행단을 통해 제주도로 여행 가셨습니다.

答案4 ：我听说上了年纪的人经常感到寂寞。所以比起给他们什么东西，多陪在他们身边才是真正的孝顺。自从我的父亲去世以后，母亲真的常常一个人流眼泪。我很担心，所以只要一有时间就陪在母亲身边。她很喜欢讲以前的故事，虽然有些故事已经听过很多遍了，但我还是像第一次听到一样耐心地听着。

나이가 드신 분들은 외로움을 많이 탄다고 합니다. 그래서 부모님께 무엇을 사드리는 것보다 부모님의 말벗이 되어 드리는 것이 더 진정한 효도라고 생각합니다. 아버지께서 돌아가신 후 혼자 눈물을 흘리는 어머니의 모습을 자주 보게 되어 걱정을 많이 했습니다. 그래서 시간만 나면 어머니와 이야기를 나누곤 합니다. 어머니는 옛이야기를 자주 합니다. 비록 여러 번 들었던 이야기일지라도 처음 듣는 것처럼 들어줍니다.

당신은 평소에 어떻게 건강관리를 합니까? 건강식품을 복용하는 것이 효과가 있다고 생각합니까?

答案1 : 我认为药补不如食补，保持每天食用健康的食物，才是保持身体健康的关键。因此我平时会吃一些绿色无公害的食品，同时注意荤素得当、营养搭配。

저는 약으로 보신하는 것보다 음식으로 보신하는 것이 낫다고 생각합니다. 매일 건강한 음식을 섭취하는 것이야말로 건강한 몸을 유지하는 핵심입니다. 그래서 저는 평소에 무공해식품을 먹습니다. 그리고 채소와 육류 섭취가 균형을 이루도록 신경을 많이 씁니다.

答案2 : 我现在正在定期服用维生素这类的保健品。当然我没有听信广告胡乱服用，而是询问了专业的营养师，听从他的意见。我觉得这类产品对我的健康有一定的作用。因此也买了一些送给我的父母。

저는 지금 비타민과 같은 건강식품을 매일 복용하고 있습니다. 물론 저는 광고만 믿고 먹는 것이 아니라 전문 영양사와 상담을 한 후 그의 소견에 따라 먹고 있습니다. 제 생각엔 이런 종류의 건강식품이 저의 건강에 어느 정도 도움이 되는 것 같았습니다. 그래서 부모님께도 사드렸습니다.

答案3 : 我认为像我这样的年轻人，正当壮年不用吃什么保健品。只要每天按时吃饭，锻炼身体，保持良好的生活习惯就可以保持健康的身体。但是像我的父母，他们已经年纪大了，除了锻炼，需要服用一些保健食品，增强免疫力，防止生病。所以我会定期买一些保健品孝敬父母。

저와 같은 젊은이는 아직 장년이라 건강식품을 따로 먹을 필요가 없다고 생각합니다. 삼시 세끼를 제때 챙겨 먹고 운동도 하며 좋은 생활 습관을 유지하면 건강한 신체를 유지할 수 있습니다. 하지만 제 부모님처럼 연세가 높으신 분은 운동하되 건강식품도 같이 섭취해 면역력을 향상시켜 질병을 예방해야 한다고 생각합니다. 그래서 저는 정기적으로 부모님께 건강식품을 사드립니다.

答案4 : 我们家没有服用保健品的习惯，但是现在弟弟高三，爸爸妈妈为了他的学业给他买了可以帮助记忆和集中精力的保健品。我高三的时候，也吃了一些。我不知道这类保健品的有没有效果，但是我觉得至少有一定的心理作用，能对学习有些帮助。

저희 우리 가족은 건강식품을 잘 안 먹는 편입니다. 하지만 동생이 지금 고3이라 부모님은 동생의 학업을 위해 기억력과 집중력에 도움이 되는 건강식품을 사줬습니다. 제가 고3 때도 이러한 건강식품을 먹었습니다. 이런 건강식품이 공부에 도움이 되는지에 대해서 저도 확신이 없지만 먹으면 어느 정도 심리적 작용이 생겨 학습에 도움이 된다고 생각합니다.

부모로서 어떻게 아이를 교육해야 한다고 생각합니까?

答案1： 我认为教育孩子最重要的是尊重孩子的意见，父母不要替孩子决定他们的命运。应该多听听孩子的想法，帮助他们培养自己的兴趣爱好。只有这样孩子才能健康地成长。如果父母只是将自己的意愿强加给孩子，那么不仅会给孩子带来痛苦，还会扼杀孩子的个性，不利于他们成长。

저는 아이를 교육하는 데 있어서 가장 중요한 것은 아이의 의견을 존중하는 것이라고 생각합니다. 부모가 아이를 대신해서 그들의 운명을 결정해서는 안 됩니다. 반드시 아이들의 생각을 많이 들어 보고 아이들이 취미를 기를 수 있도록 도와줘야 합니다. 그래야만 아이들이 건강하게 성장할 수 있습니다. 만약 부모가 자신의 생각을 아이에게 강요한다면 아이가 괴로워할 뿐만 아니라 아이들의 개성을 말살할 수 있어 결국에는 그들의 성장에 불리하게 될 것입니다.

答案2： 我认为当孩子还小的时候，对自己喜欢什么，哪方面优秀还不太清楚。所以作为父母应该根据孩子的情况帮助他们做出正确的选择。我认为如果小时候不抓紧，长大再追就追不上了，不能让我的孩子输在起跑线上。应该从小开始在各个方面培养孩子，观察一下哪个方面最优秀，然后重点培养。

저는 아이가 어렸을 때는 자기 자신이 무엇을 좋아하고 어떤 면이 뛰어난지 잘 모른다고 생각합니다. 그래서 부모는 아이의 소질에 따라 아이가 정확한 선택을 하도록 도와야 한다고 합니다. 어렸을 때 열심히 하지 않으면 커서도 따라잡을 수 없습니다. 우리 아이를 시작할 때부터 뒤처지게 할 수 없습니다. 따라서 어렸을 때부터 여러 가지 교육을 받게 하면서 어떤 부분이 가장 뛰어난지 관찰하고 중점적으로 교육해야 합니다.

答案3 ： 我认为现在韩国的小朋友很辛苦，我的侄子虽然只是学前班，但是学英语、学画画、学跆拳道什么的非常的忙。虽然父母望子成龙的心情可以理解，但是孩子还小，不应该给他们太多的压力。现在应该让他们尽情地玩儿，尽情的享受童年。等孩子稍大一点了，自己意识到应该学习了，再让他们学习也来得及。

제가 봤을 때 지금 한국의 어린이들은 매우 고단하게 살고 있습니다. 제 조카는 이제 유치원생인데 영어학원, 미술학원, 태권도학원에 다니느라 너무 바쁩니다. 자신의 아이가 훌륭한 인물이 되길 바라는 부모의 마음은 이해할 수 있지만, 아이가 아직 어리기 때문에 스트레스를 너무 많이 줘서는 안 된다고 생각합니다. 아이들이 마음껏 놀면서 어린 시절을 즐기게 해야 합니다. 아이들이 조금 자란 후 공부를 해야 한다고 스스로 인식을 했을 때 학원을 보내도 늦지 않습니다.

答案4 ： 俗话说三岁定终身，所以我认为从小培养良好的生活习惯非常的重要。现在很多家庭都是独生子女，所以非常的溺爱孩子。我认为这是不可取的。应该让小朋友从小就知道什么是对的什么是错的（学会分辨是与非）。这样将来他们才能成长为栋梁之才。

세 살 버릇이 여든까지 간다고 한 옛말처럼 어렸을 때부터 좋은 생활 습관을 기르는 것이 매우 중요합니다. 최근 외동딸, 외아들이 많아지면서 아이들을 지나치게 사랑하는 부모들도 많아졌습니다. 하지만 이래서는 안 된다고 생각합니다. 아이들이 어렸을 때부터 무엇이 맞고 무엇이 틀렸는지를 (시비를 구분할 줄) 알게 해야 합니다. 그래야만 아이가 나라의 기둥이 될 인재로 성장할 수 있을 것입니다.

 你的消费观是什么样的呢？你能接受信用卡消费吗？

당신의 소비관은 어떻습니까? 당신은 신용카드로 소비합니까?

答案1： 我的消费观是能省则省，绝对不浪费每一分钱，更不赞成使用信用卡透支消费。我认为勤俭节约是一种好的生活习惯，虽然好的东西谁都喜欢，但是不能想要什么就买什么。可能有时候，有人觉得我太穷酸了，只要我和我的家人能过上好生活，又何必在乎别人的眼光呢？要学会有计划的消费。特别是现在经济不景气，物价一直在上升，应该多攒一些钱，未雨绸缪。

저는 아낄 수 있으면 아껴야 한다고 생각합니다. 절대로 한 푼도 낭비해서는 안 됩니다. 그리고 신용카드를 사용하여 과도하게 소비하는 것에 반대합니다. 절약하는 것은 좋은 생활 습관이라고 생각합니다. 물론 사람이라면 모두 좋은 물건을 좋아하지만, 갖고 싶다고 해서 모두 사서는 안 됩니다. 가끔 사람들은 제가 너무 궁상을 떤다고 생각하지만, 저와 우리 가족들이 행복하게 살 수 있다면 다른 사람들의 시선을 신경 쓸 필요가 있을까요? 계획 있게 소비하는 것을 배워야 합니다. 특히 지금은 불경기에 물가도 계속 오르고 있기 때문에 미래에 일어날 만약의 상황을 대비해서 돈을 많이 모아야 합니다.

答案2： 我认为浪费虽然不是什么好的事情，但是不能太委屈自己。只要合理地消费，适当地使用信用卡也是好的。特别是有了良好的信用记录，在日后贷款买房或买车的时候都会有很大的帮助。当然重要的是不要攀比，量力而为。

낭비하는 것이 좋은 습관은 아니지만 자기 자신을 지나치게 학대해서는 안 된다고 생각합니다. 그리고 합리적으로 소비할 수 있으면 적당히 신용카드를 사용하는 것도 나쁘지 않다고 생각합니다. 특히 좋은 신용 기록을 남기면 나중에 집이나 차량 구매를 위한 대출을 할 때 큰 도움이 될 수도 있습니다. 하지만 중요한 것은 자신보다 경제 조건이 더 좋은 사람과 비교하지 말고 자신의 능력에 맞게 소비를 하겠다는 마음가짐입니다.

答案3 ： 我的妈妈就非常的节省，不论买什么东西都一定会货比三家，买最便宜的。节省
固然是一件好事，但是便宜没好货。她买的东西质量很一般，所以很多都用不了
多长时间就要换。我觉得倒不如买一个贵一点的，比较耐用的。有时这样反而是
一种节省。

저의 어머니는 늘 절약하십니다. 어떤 물건을 사든 모두 이곳저곳에서 가격을 비교해 보시고 가장 싼
걸로 삽니다. 절약은 좋은 일이지만 값싼 물건은 품질이 좋을 수 없습니다. 어머니께서 사신 물건들은
질이 그다지 좋지 않아 얼마 쓰지 못하고 교체를 해야 합니다. 그래서 저는 차라리 조금 비싸더라도
질이 좋은 걸로 사는 것이 오히려 절약이라고 생각합니다.

答案4 ： 我认为一个聪明的消费者不是一味的节省，而是学会如何聪明的购物。现在通过
上网购物、社交网络、二手商店等等消费方式，特别是掌握好商场搞促销活动的
时机，可以买到很多物美价廉的东西。这样既能节省，又能保证生活品质。

제 생각엔 똑똑한 소비자는 절약만 하는 소비자가 아니라 지혜롭게 쇼핑할 줄 아는 소비자입니다.
요즘에는 인터넷, 소셜커머스, 중고장터 등의 소비방식을 통하거나, 백화점 할인판매 기간을 잘 알면
값싸고 질 좋은 물건들을 살 수 있습니다. 그러면 절약할 수 있을 뿐만 아니라 삶의 질도 보장할 수
있습니다.

5부분 의견과 생각을 묻는 질문에 논리적으로 답하기

问题 ：你怎么看待减肥？

回答1：我觉得减肥不太好。

回答2：我认为减肥是件好事儿，不但可以使身体更健康，而且还能让自己看起来更漂亮，减肥还要注意选择适当的办法，比如通过适当的运动和调整饮食来达到减肥的目的。

번역

문제 ：다이어트에 대해 어떻게 생각하십니까?

답안1：다이어트는 그다지 좋은 것이 아니라고 생각합니다.

답안2：저는 다이어트가 좋은 것이라고 생각합니다. 그 이유는 몸을 더 건강하게 할 수 있을 뿐만 아니라 더 예뻐질 수 있기 때문입니다. 다이어트는 정확한 방법으로 해야 한다고 생각합니다. 예를 들면 운동을 하고 식단을 조절하는 것으로 다이어트의 목적을 이루는 것입니다.

5부분은 자신의 생각과 주장을 논리적으로 전개하는 부분입니다. 일상적인 상황을 묻는 4부분과 달리 5부분에서는 사회적인 문제를 포함해 더욱 넓은 범위 내에서 출제되고 있습니다. 총 4문항으로 구성되어있고 생각할 시간은 30초이며 답변 시간은 50초입니다. 보기에서의 답1과 답2는 모두 주장을 설명하는 답이지만 마찬가지로 답2의 완성도가 훨씬 높아 더 좋은 점수를 받을 수 있습니다. 또 부사, 접속사 등을 적당히 이용하여 주장을 더 논리적으로 구사하면 좋을 것입니다. 5부분은 문제보다 생각할 수 있는 시간이 짧아 평소에 시사에 관한 관심을 가지시는 것이 많은 도움이 될 것입니다.

 如今韩国生育率是经合组织成员国中最低的，这是一个严重的问题，你认为政府是否应加大对鼓励生育政策的投入。

현재 한국의 출산율은 OECD 국가 중 가장 낮습니다. 이것은 심각한 문제입니다.
당신은 정부가 출산장려정책을 확대해야 한다고 생각합니까?

答案 ： (赞成)我认为低生育率是一个严重的问题，如果长此以往年轻人减少，老年人增加将产生严重的社会问题。首先，劳动人口将出现不足的现象最终影响韩国的经济发展。其次，1名子女可能要抚养两位老人，年轻人的社会负担加重可能导致社会矛盾。再次，社会老龄化急剧，可能会使社会福利支出大幅增加，给国家财政带来巨大的压力。综上所述，低生育率带来的问题非常严重，所以政府应该采取积极的措施，解决这一问题。

(反对)"生育"是一个个人问题，国家没有任何理由干涉一个人"多生"或"少生"。一个国家生育率低，女性不愿生育，表明这个国家生育和养育子女的现状并不理想。因此，政府不应只是通过奖励生育的方式解决这一问题，因为一味的奖励不但不能解决这一问题，反而增加财政压力。应该通过改善社会环境，营造一个良好的生育养育环境，从根本上解决这一问题。

(찬성) 나는 출산율이 낮은 것은 심각한 문제라고 생각한다. 만약 장기간 이런 식으로 젊은 층이 줄고 노인이 늘어난다면, 큰 사회 문제를 초래할 것 이다. 먼저, 노동인구가 부족한 현상이 나타나서 결국 한국 경제 발전에 영향을 미칠 것이다. 둘째, 한 명의 자녀가 두 명의 부모님을 부양해야 하기때문에, 젊은이들의 사회적 부담이 더해지면서 사회적 갈등을 일으킬 수 있을 것이다. 셋째, 사회의 노령화가 급속히 진행되면서 사회 복지 지출이 대폭 증가하여 국가 재정에 과중한 부담을 끼칠 것이다. 종합하여 말하자면, 낮은 출산율은 매우 심각한 문제점들을 가져올 것이다. 따라서 정부는 반드시 적극적으로 대책을 마련해서 이 문제를 해결해야만 한다.

(반대) 출산은 개인의 문제이므로 국가에서 "많이 낳아라, 적게 낳아라."라고 간섭할 이유가 없다. 출산율이 낮은 국가는 여성들이 출산을 원치 않으며, 이는 국가가 자녀 출산과 자녀 양육에 있어서 그 실태가 이상적이지 않음을 나타내는 것이다. 때문에 정부는 출산 장려금을 통해 이 문제를 해결하고자 해서는 안 된다. 왜냐하면, 맹목적인 장려는 문제를 해결할 수 없을 뿐만 아니라, 더 큰 재정적 부담을 가져올 수 있기 때문이다. 반드시 사회 환경 개선을 통해서, 출산과 양육을 할 수 있는 양호한 환경을 조성해서 근본적으로 문제를 해결해야 한다.

 我们说教育可以改变一个人的人生，可以改变一个社会，你认为你们国家的教育现状如何？

교육은 한 사람의 인생을 바꿀수 있고, 한 사회를 바꿀수 있다고 합니다.
당신은 당신국가의 교육 현황이 어떻다고 생각합니까?

答案 ：韩国可以说是世界上最重视教育的国家之一，韩国的父母对自己子女教育的热情和投入可以说是非常之大。但是韩国的教育还是处在"应试教育"，"填鸭式教育"的阶段。父母们从孩子上学的那天开始，就想尽办法让他上名校，希望可以在高考取得优异的成绩，但是忽略孩子的兴趣爱好。使得孩子们对学习也失去了热情和兴趣。只是一味的追求高分。这不可谓不是教育的悲剧，所以我认为韩国的教育界应该齐心合力改变这样的状态。

韩国人对于教育的热情可以说是世界第一，一个家庭的日常支出中，教育费用所占的比重可以说是最大的。但是大部分都是用于各种补习班，兴趣班。我认识的一个朋友，他的孩子虽然只是学前班，但是已经在上4个补习班了。而最近的调查显示，对于子女英语和数学的课外补习费用正在逐年增加。虽然对于教育的热情是好的，但是整个社会过渡的依赖课外教育，不得不说是一种社会性的浪费。特别是没有能力支付补习费用家庭的子女将在竞争中被淘汰，这也将造成社会不公。因此，政府应该重视这一问题，并想办法解决这一问题。

한국은 세계에서 가장 교육을 중시하는 국가 중 하나라고 할 수 있다. 한국의 부모들은 자신의 아이들 교육에 대해 열정적이며 대단히 많은 투자를 한다고 할 수 있다. 그러나 한국의 교육은 여전히 "시험 위주의 교육", "주입식 교육"의 단계에 있다. 부모들은 아이들이 학교에 입학하는 그 날부터 시작하여, 아이가 명문 학교에 진학하는 방법을 생각하며, 대입 시험에서 우수한 성적을 얻을 수 있길 희망한다. 그러나 아이의 흥미와 취미는 경시한다. 또 아이들로 하여금 공부에 대한 열정과 흥미를 잃게 하는 결과를 불러일으키게 한다. 오직 고득점만을 쫓는 것이다. 이는 교육의 비극이라고 하지 않을 수 없다. 그래서 나는 한국 교육계는 반드시 뜻을 모으고 협력하여 이러한 현상을 고쳐야 한다고 생각한다.

한국인의 교육에 대한 열정은 세계 제일이라고 말할 수 있다. 한 가구당 일상 소비에서, 교육비가 차지하는 비중이 가장 크다고 할 수 있다. 그러나 이는 대부분 각종 학원, 취미 반에 사용된다. 내가 아는 한 친구는 그의 아이가 비록 예비 초등학생 반이지만 벌써 네 개의 학원에 보내고 있다. 게다가 최근 조사한 바에 따르면 자녀의 영어, 수학 과목의 과외비가 매년 점점 증가하는 추세이다. 비록 교육에 대한 열정은 좋지만, 모든 사회가 지나치게 과외 교육에 의지하는 것은 사회적인 낭비라고 말할 수밖에 없다. 학원비를 지불할 능력이 없는 가정의 자녀들은 경쟁에서 도태되고, 이는 불공평한 사회를 조성할 것이다. 따라서 정부는 반드시 이 문제를 중시하여 문제 해결 방안을 모색해야 한다.

 在韩国教育界"体罚学生"可以说是司空见惯，如今虽然少了很多，但是一些老师和一些家长仍然会使用"体罚"，你怎么看待这一问题呢？

한국 교육계에서 '체벌'은 흔히 있는 일입니다. 오른 날 많이 줄어들기는 했지만, 일부 교사와 가장들은 여전히 '체벌'을 합니다. 당신은 이 문제를 어떻게 생각합니까?

答案 ：(反对) 我认为不论孩子犯了什么错，都不应该体罚孩子。我常常错误地认为体罚是一种有效的方式，让孩子们知道自己的错误。但是受到惩罚的孩子，不但在肉体上遭受了痛苦，更重要的是内心也受到了伤害，不但不会改正自己的错误，反而对处罚者——父母或老师，产生敌对心理而变本加厉。本来是处于教育的体罚，给孩子们的内心带来巨大是伤痛，使得两代人之间产生不可挽回的隔阂，那么教育的初衷适得其反。所以，如果孩子犯了错误，最重要的应该是让他们认识到自己的错误，而不是处罚他们。

(赞成) 我觉得可以适当地体罚，应该让孩子们从小就开始知道，做错事要受到相应的惩罚，这样可以让他们从小就有纪律性，这样长大了到了社会，也会遵守社会上的纪律。当然体罚的目的也是教育，所以应该点到为止，不能让孩子们受太多的皮肉之苦，以免适得其反，或者带来不可挽回的伤害。虽然开始的时候孩子们因为害怕或畏惧所以不敢犯错误，但是时间长了养成了良好的生活习惯之后，自然而然犯的错误也会少。

(반대) 나는 아이가 무슨 잘못을 했던 아이에게 체벌을 해서는 안 된다고 생각한다. 나는 체벌은 아이에게 자신의 잘못을 알려주는 효과적인 방식이라고 잘못 생각했었다. 하지만 체벌을 받은 아이는 육체적으로 힘들 뿐만 아니라 특히 심리적으로도 큰 상처를 받게 되어, 자신의 잘못을 고치지 못할 뿐 아니라 부모님이나 선생님 등 체벌을 가한 사람에게 적대심을 가지게 되고 이를 점점 악화시킬 수 있다. 본래 교육을 위해 가한 체벌인데, 아이의 마음에 큰 상처를 입히고 두 세대 사이에 돌이킬 수 없는 틈을 만들게 된다면, 교육이라는 애초의 취지와는 정반대의 결과를 낳게 되는 것이다. 따라서 아이가 잘못했을 때 가장 중요한 것은 스스로 잘못을 깨닫게 하는 것이지, 그들을 체벌하는 것이 아니다.

(찬성) 나는 적절한 체벌은 괜찮다고 생각한다. 아이에게 어려서부터 잘못을 저지르면 그에 상응하는 벌을 받아야 한다고 알려줘야 하며, 이렇게 해야만 아이들이 어려서부터 규칙을 지킬 수 있고, 자라서 사회에 나가더라도 사회의 규칙을 준수할 수 있을 것이다. 물론 처벌의 목적은 역시 교육이다. 그러므로 간단하게 처벌하여 아이가 너무 심한 육체적 고통을 당하지 않도록 함으로써 역효과가 나거나 돌이킬 수 없는 상처를 가져다주지 않도록 해야 한다. 비록 처음에는 아이가 무섭거나 두려운 마음에 감히 잘못을 저지르지 못하는 것이겠지만, 시간이 흘러 좋은 생활 습관이 형성된 후에는 자연히 잘못을 범하는 일도 줄어들 것이다.

 随着网络的发展"网络语言"越来越流行，你如何看待"网络语言"，可不可以使用"网络语言"呢？

인터넷의 발전에 따라 '인터넷 용어'가 갈수록 유행하고 있습니다. 당신은 '인터넷 용어'에 대해 어떻게 생각하며, '인터넷 용어'를 사용할 수 있습니까？

答案 : (赞成)语言是人们交流的工具，"网络语言"也是从人们交流的过程中产生，也更加方便了人们的交流，并且增加了交流的趣味性。我们的语言从产生之初不断发展，已经不是最初的那个样子了。"网络语言"也语言的一种发展，特别是一些"网络语言"非常的有创意，也体现了现在发展的趋势，是一个时代的产物，是一个时代的象征。所以，我们不应该一味地禁止，这样也会遏制语言的发展，扼杀年轻人的创意思维。应该循循善诱，指导"网络语言"的良性发展。

(反对)我认为不应该鼓励使用"网络语言"，特别是还处在学习语言的小学生。因为网络语言拼写和语法都非常的随意，很多都不符合语言规范，如果年轻人长时间的使用网络语言，很难掌握正确的语法规范。语言可以说是一个民族的灵魂，承载了一个民族的过去和未来，网络语言很大程度上破坏了传统语言，也影响了年轻人与长辈的交流。如果年轻人不能掌握正确的民族语言，又如何继承民族的优良传统，并向世界传播优秀的民族文化呢？因此，应该鼓励使用正确的表达方式，发展民族文化。

(찬성) 언어는 사람들의 교류 수단으로 '인터넷 용어'또한 사람들의 교류 과정 중 나타난 것들이다. 이는 사람들 사이의 교류를 더욱 편리하게 하였고, 교류의 흥미를 더 하였다. 우리의 언어는 생성 초기부터 끊임없이 발전하였기 때문에 이미 가장 초기의 모습이 아니다. '인터넷 용어' 또한 일종의 언어 발전이며, 특히 '인터넷 용어'는 매우 창의적이다. 또한, 현재의 발전추세를 구현하고 있다. 이것은 한 시대의 산물이며, 한 시대의 상징이다. 따라서 우리는 무턱대고 금지만 해서는 안 된다. 왜냐하면 이는 언어의 발전을 억제하는 것일 수 있고, 젊은이들의 창의적 사고를 무시하는 것일 수도 있기 때문이다. '인터넷 용어'의 올바른 발전으로 이끌어야 한다.

(반대) 나는 '인터넷용어' 사용을 권하지 않는다. 특히 언어를 배우는 단계에 있는 초등학생에 그러하다. 인터넷 용어는 맞춤법과 어법을 표기 모두 마음대로 사용하기 때문에 상당 부분 언어의 규범과 맞지 않는다. 만약 젊은이가 오랜 기간 인터넷 용어를 사용한다면, 정확한 문법을 파악하기 어렵게 된다. 언어는 한 민족의 영혼이라고 할 수 있으며, 한 민족의 과거와 미래를 담고 있다. 인터넷용어는 전통언어를 심각하게 훼손시켰으며 젊은이들과 어른들의 교류에도 영향을 끼쳤다. 만약 젊은이들이 정확한 민족의 언어를 파악하지 못한다면 어떻게 민족의 우수한 전통을 계승해 나가고, 더 나아가 세상에 우수한 민족 문화를 알릴 수 있겠는가? 따라서 정확한 표현 방법을 사용하도록 장려하여, 민족 문화를 발전시켜야 한다.

问题05 如今社会科技越来越发展，科技的发展到底是造福了人类，还是给破坏了人类的生活呢？

오른날 사회의 과학기술은 계속 발전하고 있습니다. 과학기술의 발전은 인류에게 행복을 가져다준 것일까요? 아니면 인류의 생활을 파괴한 것일까요?

答案 ：我认为科技的发展方便了我们的生活，汽车、电话、电脑这些已经成为了我们生活的必需品。我真的难以想象没有了这些东西我的生活会变成什么样子。特别是随着科技的发展医疗技术也日新月异。不仅延长了我们寿命，而且还使我们能够健康地生活。因此我们应该继续支持科技的发展。

科技发展的确给我们的生活带来了便利，但是也给我们带来了新的安全危机和社会问题。比如原子弹等新型武器虽然可以保卫国家安全，但是因为这些武器的威力严重威胁了人类的安全。而像智能手机这样的产品，使人们产生了依赖，严重的话甚至影响了人们的正常生活。网络虽然给人们创造了新的交流途径，但是人们沉迷于网络，反而使人们疏远了人际关系。凡事有利就有弊。

나는 과학의 발전이 우리의 생활을 편리하게 해주었다고 생각한다. 자동차, 전화, 컴퓨터 이와 같은 것들은 이미 우리 생활에 반드시 필요한 필수품이 되었다. 나는 이러한 물건들이 없는 내 생활이 어떤 모습으로 변할지 상상할 수 없다. 특히나 과학기술이 발전하면서 의료기술 또한 나날이 새로워지고 있다. 우리의 수명을 늘어나게 해 주었을 뿐만 아니라, 우리로 하여금 건강한 생활을 할 수 있게 해 주었다. 그러므로 우리는 반드시 계속해서 과학기술을 발전시켜야 한다.

과학기술의 발전은 확실히 우리 생활에 편리함을 가져다주었다. 그러나 우리에게 새로운 안보 위기와 사회 문제도 가져다주었다. 예를 들면, 핵무기 등 새로운 형태의 무기는 비록 국가의 안전을 지킬 수 있지만 이러한 무기들의 위력은 인류의 안전을 심각하게 위협하고 있다. 게다가 스마트폰과 같은 물건은 사람들이 의존하게 만들었고, 심각한 경우 사람들의 정상적인 생활에 영향을 미치게 하였다. 인터넷은 비록 사람들에게 새로운 교류 수단을 만들어 주었지만, 사람들이 인터넷에 깊이 빠져들어 도리어 인간관계를 더 멀어지게 하였다. 모든 일에는 장단점이 있기 마련이다.

 随着科技的发展，转基因食品出现在市场上，你如何看待转基因食品呢？

과학기술의 발전에 따라 유전자 조작식품이 시장에 나타났습니다. 당신은 유전자조작식품을 어떻게 생각합니까？

答案 ：（赞成）我认为转基因食品比一般食品含有更丰富的营养，所以对人类的健康更有利。而且现在还有很多人还处于饥饿之中，但是世界粮食价格居高不下。转基因食品依靠科技的力量使得产量大幅增加，可以成为解决粮食不足的一个有效的方法。

（反对）虽然科学家们称转基因食品非常的安全，但是出现的时间还很短，不知道有没有什么副作用。所以我还是没有办法放心地食用转基因食品。特别是如果还处在发育期的小朋友吃了这些食物，可能危险更大。所以我认为还是要再等等，再选择食用。

（찬성) 나는 유전자 조작식품이 일반 식품보다 더 많은 영양분을 함유하고 있어, 인류 건강에 더 유익한 것 같다고 생각한다. 게다가 현재 많은 사람이 기아에 시달리고 있는데, 세계 식량 가격은 고공행진 중이다. 유전자조작식품은 과학 기술의 힘으로 생산량을 대폭 증가하여, 식량 부족을 해결하는 하나의 효과적인 방법이 될 수 있을 것이다.

（반대) 비록 과학자들이 유전자조작식품이 매우 안전하다고 하지만 아직은 나온 지 얼마 안 됐고 어떠한 부작용이 있는지 알 수 없다. 그래서 나는 여전히 유전자 변형 식품의 식용은 안심할 수 없다고 생각한다. 특히 만약 아직 성장기에 있는 어린이들이 성장기에 이러한 식품을 먹는다면 더욱 위험할 수 있을 것이다. 그래서 나는 좀 더 기다려 보고 다시 먹을지 선택해야 한다고 생각한다.

 如今国际化趋势加强，我们常常能够看到生活在我们身边的外国人，韩国人对于外国人的态度如何呢？

오늘날 국제화 추세가 강화되고 있습니다. 우리 주변에서 생활하는 외국인을 자주 볼수 있는데, 한국인은 외국인이 대한 태도가 어떻습니까?

答案 : 听说今年来韩国旅游的旅客已经达到了1000万人次。我认为我们国家人对外国人非常的热情，不仅是服务人员，所有人都掌握了一定的英语，不但可以给外国人提供优质的服务，还可以跟外国人无障碍地交流。而且现在地铁站等公共场所，不但有英语标识还有汉语和日语，我认为我们国家的国际化程度已经相当的高了。

韩国一直以来是一个单一民族的国家，没有与外国人一同生活的经历。与国外的交流多了以后，我们也渐渐地习惯了与外国人交流，对外国人非常的亲切，但是对在韩国生活和工作的外国人还是有一些歧视，特别是从东南亚等比较落后的国家来的外国劳动者和嫁到韩国来的妇女。其实这些劳动者，做着一些韩国人不愿意做的非常危险的工作，为韩国的经济发展做出了不少贡献。因此应该学会包容他们，接受他们。

올해 들어 한국을 찾는 여행객의 수가 이미 천만 명에 이르렀다고 한다. 내 생각에 이는 우리나라 사람들이 외국인에게 무척 친절하고, 서비스요원뿐만 아니라 모든 사람이 일정 수준의 영어를 할 수 있어 외국인에게 우수한 서비스를 제공하고 장애 없이 외국인과 교류할 수 있기 때문인 것 같다. 게다가 현재 전철역 등 공공장소에는 영어 표기뿐만 아니라 중국어, 일본어 표기도 있다. 그래서 나는 우리나라의 국제화 정도는 이미 상당히 높다고 생각한다.

한국은 지금까지 단일 민족국가로서, 외국인과 함께 생활해 본 경험이 없다. 외국과의 교류가 많아진 이후 우리도 점차 외국인과의 교류에 익숙하여졌고 외국인에게 매우 친절하게 대한다. 하지만 한국에서 생활하고 일하는 외국인에 대해서 여전히 차별하는 부분이 있다. 특히 동남아 등 비교적 낙후된 국가에서 오는 외국인 노동자와 국제결혼을 해서 오는 여성들에 대해서 그러하다. 실제로 이러한 노동자들은 한국인들이 꺼리는는 위험한 일을 주로 하면서 한국의 경제 발전에 적지 않은 공헌을 하고 있다. 따라서 그들을 포용하고, 받아들이는 방법을 배워야만 한다.

 韩国可以说是一个整形大国，整形手术的技术之高，整形人数之多，堪称世界之最，你整过容或有过整容的想法吗？你如何看待整容手术呢？

한국은 성형대국이라고 할 수 있습니다. 성형수술기술이 뛰어나고, 성형한 사람도 많습니다. 세계 최고라고 할 만합니다. 당신은 성형을 해본 적이 있거나, 성형을 생각해 본 적이 있습니까?

答案 ：（赞成）在我考上大学以后我去做了一次拉双眼皮的手术，手术后眼睛大了很多也自信了很多。我认为爱美之心人皆有之，每个人都有追求美丽的权利。特别是通过整容不仅使自己变得更美丽，更能使一个人增加自信。所以我认为适当的整容是可以的。特别是那些面部畸形的人，更应该做整形手术。

（反对）我反对做整形手术，我认为只要不是畸形的人，就不应该做整形手术。虽然年轻的时候看起来很漂亮，但是随着时间的推移，会产生很多副作用。到了那时要不断的通过修复手术才能维持正常的容貌。我认为漂亮没有一个统一的标准，每个人都有自己的魅力和个性，因此可以用化妆这样的方式充分地扬长避短。

（찬성) 나는 대학에 진학한 이후 쌍꺼풀 수술을 한 번 하였다. 수술 후 눈의 크기가 많이 커졌고, 자신감 또한 많이 생겼다. 나는 아름다움을 사랑하는 마음은 누구나 가지고 있다고 생각한다. 모든 사람은 아름다움을 추구할 권리가 있다. 특히 성형수술을 통해 더 아름답게 변하는 것뿐만 아니라, 한 사람의 자신감을 높아지게 할 수 있다. 그래서 나는 적절한 성형은 괜찮다고 생각한다. 특히 얼굴에 기형을 가진 사람이라면 더욱 성형 수술을 해야 한다고 생각한다.

(반대) 나는 성형 수술하는 것에 반대한다. 나는 안면 기형이 아닌 사람은 성형 수술을 할 필요 없다고 생각한다. 비록 젊었을 때는 더 아름답게 보이겠지만, 시간이 흘러갈수록 많은 부작용이 나타날 수 있다. 그때가 되면 끊임없는 회복 수술을 통해야만 겨우 정상적인 외모를 유지할 수 있을 것이다. 나는 아름다움에 대해 하나의 통일된 표준이 정해진 것은 아니며, 개인마다 자신의 매력과 개성을 가지고 있다고 생각한다. 따라서 화장과 같은 방법으로 충분히 장점은 두드러지게 하고 단점을 보완할 수 있다고 생각한다.

 全球经济危机爆发以后，青年就业形式非常的严峻。韩国的情况如何呢？你觉得应该如何解决青年失业问题呢？

세계경제위기가 발생한 이후, 청년취업 문제가 매우 심각합니다. 한국의 상황은 어떻습니까? 당신은 청년실업문제를 어떻게 해결해야 한다고 생각합니까?

答案 ：现在韩国的青年就业问题非常的严重，不仅有工作年轻人少，即使是有工作，也是一些临时工、小时工等没有保障的工作。但是我认为这不是一方就能解决的问题，应该政府、企业、个人共同努力。政府应该积极推行促进就业的政策，创造就业岗位。企业应该负起更多的社会责任，虽然现在经济不太景气，不应该裁员或缩减招聘规模。而年轻人，应该更加积极地找工作，应该正确地分析自己的情况，向适合自己的公司提交简历。

我认为现在青年就业难的问题，不是因为没有足够的工作岗位，而是现在的年轻人眼光太高。现在有很多有潜力的中小企业找不到合适的人才，而年轻人一味想挤进大企业。年轻人不应该这样高不成低不就。应该脚踏实地的一步一步慢慢来。这样整个国家的经济也才能健康良性地发展。

현재 한국의 청년 취업문제는 매우 심각하다. 일자리가 있는 젊은이들이 적을 뿐만 아니라, 설령 일이 있더라도 임시직이나 파트타임 등 보장되지 않은 일이다. 그러나 내 생각에 이것은 어느 한 측에서 해결할 문제가 아니라 반드시 정부, 기업, 개인이 함께 노력해야 할 문제인 것 같다. 정부는 반드시 적극적으로 구직 정책을 추진해 나가야 하고, 일자리를 만들어내야 한다. 기업은 더 많은 사회적 책임을 져야 한다. 비록 현재 경제가 그다지 호황은 아니지만, 인원을 감축하거나 채용의 규모를 줄여서는 안 된다. 또 젊은이들은 더욱 적극적으로 일자리를 찾아야 하며, 확실하게 자신의 상황을 분석해서 자신에게 적합한 회사에 이력서를 제출해야 한다.

나는 현재 청년들의 구직난 문제는 마땅한 일자리가 없어서가 아니라 젊은이들의 눈이 너무 높아서라고 생각한다. 현재 무궁무진한 잠재력을 가진 중소기업은 많으나 알맞은 인재를 구하지 못하고 있다. 그러나 젊은이들은 그저 대기업에만 들어가고자 한다. 젊은이들은 더 이상 이렇게 비현실적인 안목을 가져서는 안 된다. 반드시 착실히 일해서 한 발 한 발 차근차근 올라서야 한다. 이렇게 해야 전반적인 국가적 경제 또한 건실하게 발전할 수 있을 것이다.

 日本福岛核电站事故爆发以后，人们开始讨论是否应该继续使用核电。韩国应不应该建设核电站，你的想法如何？

일본 후쿠시마 원자력발전소 폭발사고 이후, 사람들이 계속 원자력발전을 사용해야 하는지를 논의하기 시작했습니다. 한국은 원자력발전소를 세워야 할까요, 당신의 생각은 어떻습니까?

答案 ：(赞成)我认为韩国应该建设核电站。韩国是一个资源比较匮乏的国家，所有的石油等资源都是依靠进口。如果我们国家建设核电站的话，可以减少石油进口。而且核能源是一种清洁能源，可以减少二氧化碳排放，保护环境。使用这种清洁能源是大势所趋。据我所知韩国在这方面的技术也属于世界前列，所以我们国家有能力建设一个安全的核电站。

(反对)我反对我们国家建设核电站。虽然核能源是一种清洁能源，但是为了获得核能的过程中，对环境的破坏非常大。而且由于核能的破坏力非常大，一旦核电站发生一些安全问题，那么将给人类带来致命性的打击。所以，与其投入人力物力建设核电站，不如加大投入开发其他安全的清洁能源。

(찬성) 나는 한국에 반드시 원전을 세워야 한다고 생각한다. 한국은 자원이 부족한 나라 중 하나이며, 석유 등 모든 자원을 수입에 의존하고 있다. 만약 우리나라에 원자력 발전소를 건설한다면, 석유의 수입을 줄일 수 있다. 게다가 원자력은 일종의 청정에너지이므로 이산화탄소의 배출량을 줄일 수 있어서 환경을 보호할 수 있다. 이러한 청정에너지를 사용하는 것은 세계의 흐름을 따르는 것이라고도 할 수 있다. 나는 한국이 이 방면에 있어서 기술 역시 세계에서 우위에 서 있다고 알고 있다. 그렇기 때문에 우리나라는 안전한 원자력발전소를 세울 수 있는 능력이 있다.

(반대) 나는 우리나라에 원자력 발전소 건립을 반대한다. 비록 원자력이 청정에너지라고 할지라도 원자력을 얻는 과정 중에 환경을 상당 부분 파괴할 수 있기 때문이다. 게다가 원자력의 파괴력은 매우 강력하기 때문에 일단 원자력 발전소에 일부 안전 문제가 발생할 경우 이는 인류에게 치명적인 타격을 입힐 수 있다. 그래서 여기에 인력과 자원을 투입하는 것은 다른 안전한 청정에너지를 개발하는 것보다 못하다고 생각한다.

 今年韩国政府在节约能源方面做了很多的努力，你如何看待这些政策呢？你觉得在哪些方面还要努力呢？

올해 한국정부는 에너지 절약을 위해 많은 노력을 했습니다. 당신은 이런 정책들에 대해 어떻게 생각합니까? 당신은 어떤 방면으로 더 노력해야 한다고 생각합니까?

答案 ：韩国是一个资源匮乏的国家，我认为从政府到个人都应该努力节省能源。2012年我们经历了前所未有的炎热的夏天，也经历了一个非常寒冷的冬天。因此出现了电力供给不足的现象。在这样的时候我们更应该举国上下齐心协力地节省能源。冬天的时候穿内衣内裤，把家里的窗户封好，这样看起来不能节省多少能源，但是以小积大，我们必须从点滴开始节约。

今年政府规定了办公室的温度，虽然工作的时候有点不太方便，但是我认为这是每个公民应尽的义务，我们应该积极地响应国家的号召。但是近来很多商场用弥红灯装点自己，虽然给城市增添了一份亮丽的风景线，可是在全国都在为节省能源努力的时候这样做，不免受到指责。我认为企业也应该共同承担节能的社会责任。

한국은 자원이 부족한 국가 중 하나로, 나는 정부부터 개인에 이르기까지 모두 열심히 에너지를 절약해야 한다고 생각한다. 2012년 우리는 유례없는 불볕더위 속에서 여름을, 혹한 속에서 겨울을 보냈다. 이 때문에 전력 공급 부족 현상이 초래됐다. 이럴 때 우리는 더욱 전국적으로 한마음 한뜻이 되어 협력해서 자원을 절약해야 한다. 겨울에 내의를 입고 집 창문을 잘 닫도록 해야 한다. 이렇게 한다고 얼마나 절약할 수 있겠는가 하겠지만, 티끌 모아 태산이라고 우리는 아주 작은 것에서부터 절약을 시작해야 한다.

올해 정부에서는 사무실의 실내 온도를 규정하였다. 비록 일할 때는 다소 불편하지만 나는 이것을 모든 사람이 반드시 지켜야 하는 의무라고 생각한다. 우리는 적극적으로 국가의 호소에 호응해야 한다. 그러나 최근에 많은 상점들이 백열등을 사용하여 자신들의 상점을 장식하고 있다. 비록 도시의 경관을 더욱 빛나게 해 주지만 전국적으로 자원 절약을 위해 노력할 때 이렇게 한다면, 비난을 피하기 어려울 것이다. 나는 기업 또한 반드시 에너지 절약에 있어 사회적 책임을 다해야 한다고 생각한다.

당신은 연예인의 사생활이 보호받아야 한다고 생각합니까?

答案　：(保护) 我认为演员只是他们的一个职业，他们和普通人没有什么两样，所以他们的私生活当然要受到保护。虽然观众对明星的关心是出于好心，但或多或少给他们带来的不便。特别是一些狂热粉丝对他们的关注，已经严重地影响到了他们的正常生活，我认为这些都是不可取的行为。观众也应该尊重明星的私生活，给他们一点自由的空间。

(不保护) 我认为每个工作都有自己的利弊。演员作为公众人物每天生活在聚光灯下也是理所应当的。虽然因为太多人关注他们给他们的生活带来了很多不便。但是他们把这种关注想成是关心，适当向观众公开自己的部分生活，特别是一些好的生活面貌，不仅可以拉近与观众的距离，还可以起到表率作用。

(보호 한다) 내가 생각할 때 연예인은 단지 그들의 직업일 뿐이며, 그들도 일반인들과 다를 게 없다. 따라서 그들의 사생활은 당연히 보호받아야 한다. 비록 연예인에 대한 관심이 호감일지라도, 그들에게는 수많은 불편함을 가져다준다. 특히 일부의 광적인 팬들이 그들에게 쏟는 관심은 이미 그들의 정상적인 생활에 심각한 영향을 미칠 정도이다. 나는 이러한 행위가 바람직하지 않다고 생각한다. 대중들 역시 연예인의 사생활을 존중해줘야 하며, 그들에게 자유로운 공간을 주어야 한다.

(보호하지 않는다) 나는 모든 직업에는 모두 각각의 장단점 있기 마련이라고 생각한다. 연예인의 일상생활이 대중들로부터 스포트라이트 받는 것은 당연하다. 비록 많은 사람의 관심이 그들이 생활하는 데 있어서 많은 불편을 가져다주긴 하지만 그들은 이러한 주목을 관심으로 생각하고, 관중들에게 자신의 생활 일부를 공개하는 것이 옳다. 특히 생활 속 좋은 모습은 대중과의 거리를 좁힐 수 있을 뿐만 아니라 타인의 본보기가 될 수 있다.

 近来韩国的自杀率越来越高，已经超过日本成为经合组织成员国中自杀率最高的国家，情况不可谓是不严重，你认为原因是什么？应该如何解决呢？

근래 한국의 자살률은 갈수록 높아지고 있습니다. 이미 일본을 앞지르고 OECD 국가 중 자살률이 가장 높은 국가가 되었습니다. 상황이 심각하지 않다고 할 수 없습니다. 당신은 무엇이 원인이라고 생각합니까? 그리고 어떻게 해결해야 한다고 생각합니까?

答案 : 我认为韩国自杀率高的原因是因为韩国在很短的时间内实现了经济腾飞，因此很多韩国人很难适应快速的变化。而且现在韩国人仍然过着当时的那种快节奏的高压生活，这使得韩国人心理压力过大，难以承受最终选择了不归路。我认为应该改一改这样的社会风气。使我们的社会更加的健康。

我认为韩国的自杀率高的原因与韩国明星的自杀事件频见报端不无关系。过度的报道产生了"维特效应"使得更多的人模仿自杀行为。所以我认为媒体在报道自杀事件的时候应该适可而止，并且尽量不报道自杀的具体细节。而且应该设立一些帮助自杀高危人群的机构。帮助他们疏导情绪，防止他们真的自杀。

내가 알기로 한국의 자살률은 매우 높다. 그것은 한국 경제가 단기간에 성장해서 한국 사람들이 빠른 변화에 적응하기 어려워하기 때문이다. 게다가 현재 한국인들은 여전히 현실의 그러한 빠른 변화에 대해 엄청난 생활 스트레스를 받고 있다. 이것은 한국인의 정신적 스트레스를 과도하게 만들고 최후에는 돌아올 수 없는 길을 선택할 수밖에 없도록 한다. 이러한 사회의 풍조는 더욱 더 건강한 우리 사회를 위해서라도 반드시 개선되어야 한다고 생각한다.

한국의 자살률이 높은 이유는 한국 유명 연예인들의 자살 사건을 신문지상에서 자주 접할 수 있는 것과 관련이 깊다. 과도한 보도는 "베르테르효과"를 만들어 내어 더 많은 사람에게 자살행위를 모방하게 한다. 따라서 나는 자살 사건을 보도할 때 매체에서는 반드시 적당한 수준에서 보도해야 한다고 생각한다. 또 자살에 대해 구체적인 내용까지는 최대한 보도하지 말아야 한다. 자살 고위험군 사람들을 돕는 기구를 설립하여 그들이 감정을 잘 추스르고 그들이 실제로 자살하는 것을 방지할 수 있도록 도와야만 한다.

问题14 亚洲国家一直都是男尊女卑，但是近来情况大幅改善，你认为你们国家的男女平等情况如何呢？

아시아 국가는 줄곧 남존여비 사상을 가지고 있었습니다. 하지만 근래 상황이 크게 개선되었습니다. 당신 국가의 남녀평등 상황은 어떻다고 생각합니까?

答案　：（良好）我认为我们国家的男女平等现状已经有了很大的改善。现在已经和我父母那一代有了很大的不同，如今的女性也同样接受高等教育，并且致力于自我开发。她们在学校和职场上都与男性进行着激烈的竞争。并且一点也不逊于男性。所以现在双职工家庭大幅增加，我的家庭也是如此，我非常的支持我的爱人参加工作。今年我们国家选出了一位女总统也是我们国家男女平等的一个良好例证，相信在一位"女总统"的带领下，我们国家女性的权利会更多地得到保护，女性的地位也会更加地巩固。

（一般）虽然我们国家的男女平等情况有了很大的改善，但是我认为还是有很多的不公平现象。首先，在女性找工作的时候就遇到诸多难题，很多用人单位优先考虑男性应聘者。其次，在婚后女性仍然承担着相对较多的家务事，特别是生育子女以后很多女性不得不放弃工作。所以我认为我们国家不仅政府应该多出台一些政策帮助女性，整个社会也应该转变思想从各个方面帮助女性。

（좋다) 나는 우리나라의 남녀평등 상황은 이미 많은 부분 개선되었다고 생각한다. 지금은 이미 우리 부모님 세대와 크게 달라졌다. 요즘은 여성들 또한 똑같이 고등 교육을 받았고, 게다가 자기 계발을 위해 힘쓴다. 여성들은 학교와 직장에서 모두 남성들과 치열하게 경쟁한다. 또 조금도 남성에 뒤처지지 않는다. 그래서 지금은 맞벌이 가정이 많이 증가하였고 우리 집 또한 그러하므로, 나는 내 배우자가 일하는 것을 적극적으로 지지한다. 올해 우리나라는 여성 대통령을 선출했는데 이 역시 우리나라 남녀평등의 좋은 예가 되고 있다. 여성 대통령의 지도력으로 우리나라 여성들의 권리를 더욱 많이 보장할 수 있고, 여성의 지위 또한 더 공고해 질 것이라고 확신한다.

（보통이다) 비록 우리나라의 남녀평등 상황에는 매우 큰 변화가 있었지만 내가 생각하기에는 여전히 많은 불공평한 현상이 나타나고 있다. 먼저, 여성들은 일을 찾을 때 수많은 어려움을 겪는다. 많은 인사 담당자들이 먼저 남성 지원자를 고려한다. 둘째, 기혼 여성은 여전히 상대적으로 많은 가사를 맡아야 한다. 특히 아이를 양육하게 되면 많은 여성이 어쩔 수 없이 일을 포기하게 된다. 그래서 나는 정부가 다양한 정책들을 내세워 여성을 돕고, 사회 전체가 인식을 바꿔 여러 분야에서 여성을 도와야 한다고 생각한다.

 开始"半价学费"成了各方关注的话题，大选时各个候选人也都提出了这一公约。你是否赞成大学将学费减半呢？

'반값등록금'이 각계에서 주시하는 화제가 되었습니다. 대선 때 여러 후보자도 이를 공약으로 제시하였습니다. 당신은 대학 반값등록금을 찬성합니까?

答案 ：(赞成)我认为韩国的学费确实是太高了，应该适当地减少。一般的韩国家庭都有2个孩子，有的家庭要同时承担两个孩子的学费。这对于一般的家庭来说压力实在是太大了。有的孩子们为了减轻父母的负担，利用课余时间打工，给学业造成了影响。大学教育的目的是为了培养更高水平的人才，如果学生因为学费放弃或荒废学业，不可谓是整个国家的损失。因此我认为政府应该加大对大学的支援，减轻家庭的负担。

(反对)我认为大学学费减半虽然表面上看起来是一个减轻家庭的负担好政策。但是如果所有学生的学费都减少到原来的一半，那么必然会造成大学的资金紧张，没有办法正常地支付教职员工资不说，也没有办法给学生们提供优质的服务。到头来吃亏的还是学生。当然政府可以给学校补贴，但是国家也处处需要用钱，这样必定也会给国家财政造成负担。因此我认为不应该只是简单地降低学费，而是应该寻找一个共赢的办法。

(찬성) 나는 한국의 학비가 매우 비싸다고 생각하기 때문에 적당하게 줄여야 한다고 생각한다. 일반적으로 한국의 가정은 두 명의 아이가 있다. 어떤 가정은 동시에 두 아이의 학비를 부담해야 한다. 이는 일반 가정에 있어서 엄청난 부담이 된다. 어떤 아이들은 부모님의 부담을 줄여드리기 위해 수업 시간 외에는 아르바이트를 하는데, 이는 학업에도 영향을 미친다. 대학 교육의 목적은 수준 높은 인재를 양성하기 위함이다. 만약 학생들이 학비 때문에 학업을 포기하거나 소홀하게 된다면 국가적으로 엄청난 손실이 아닐 수 없다. 따라서 나는 정부가 대학생들에게 더 많은 지원을 해 주어 가정의 부담을 줄일 수 있게 해야 한다고 생각한다.

(반대) 대학 학비를 절반으로 줄이는 것은 비록 표면적으로는 가정의 부담을 줄여주는 좋은 정책인 것 같지만 모든 학생의 학비를 원래의 반으로 줄인다면, 대학의 자금이 부족해져서 정상적으로 교직원의 급여를 제공할 방법이 없을 뿐 아니라 학생들에게 훌륭한 복지 혜택을 제공할 방법도 없다고 생각한다. 결국, 고생하는 것은 학생이다. 물론 정부는 학교에 보조금을 주어야 한다. 그러나 국가 역시 돈 쓸 곳이 많다. 이는 분명 국가 재정에 부담을 가져다줄 것이다. 따라서 나는 단순히 학비만 줄여서는 안 되며, 반드시 다 같이 이익을 얻는 방법을 찾아야 한다고 생각한다.

 近来"韩流"盛行，特别是今年"鸟叔"的骑马舞风靡全球，你怎么看待这一现象？

근래 '한류'가 성행하는데, 특히 올해 싸이의 말춤이 전 세계를 휩쓸었습니다. 당신은 이 현상을 어떻게 봅니까?

答案 ：我认为这是韩国几代人共同努力的结果。韩国的文化可以受到外国人的喜爱我感到很骄傲。这样不仅向世界传播了我们国家优秀的文化，也提高了韩国的知名度，使大家更了解和喜爱韩国。这样以来韩国的产品在国际市场拥有了竞争力，销售额持续增加，而且吸引了很多外国游客来到韩国旅游，也有了很多留学生来韩国学习。这一切都帮助韩国成为发达国家。

我认为"韩流"的传播给韩国带来了很多的好处，这是值得高兴的一件事。但是另一方面现在收到关注的大部分都是韩国的偶像明星和一些大众流行音乐等等，而不是韩国的传统文化。其实韩国传统服饰、食物、习俗等等，有很多都是非常的优秀的文化内容值得我们弘扬。所以我们也应该在这方面继续努力，让世界人了解一个更加全面的韩国。

나는 이것이 한국이 몇 대에 걸쳐 함께 노력한 결과라고 생각한다. 나는 한국 문화가 외국인들의 사랑을 받는 것에 대해 매우 자부심을 느끼고 있다. 이는 우리의 우수한 문화가 세상에 전파되는 것일 뿐만 아니라 한국의 인지도 또한 높아지는 것이며, 많은 사람이 한국을 이해하고 좋아하도록 만든다. 이후 한국 상품은 국제 시장에서 경쟁력을 갖게 되었으며 매출액도 계속해서 증가하였다. 게다가 많은 외국 관광객들의 한국 관광을 유치하기도 했으며 많은 유학생이 한국에 와서 공부하게 되었다. 이 모든 것은 한국이 선진국이 될 수 있도록 돕고 있다.

나는 한류의 전파가 한국에 수많은 장점을 가져왔다고 생각한다. 이것은 기뻐할 만한 일이다. 그러나 또 다른 한 면에서 봤을 때 현재 관심을 받고 있는 것은 대부분 한국의 인기 연예인와 K-POP 등일 뿐이며, 한국의 전통문화는 아니다. 실제로 한국 전통 복장, 장신구, 음식, 풍습 등 우리가 널리 알릴 만한 가치가 있는 우수한 문화 콘텐츠는 많다. 따라서 우리는 반드시 이 방면에서 계속 노력하여, 세계 사람들에게 전반적인 한국의 모습을 이해시킬 수 있도록 해야 한다.

 **现在很多国家都在公共场合禁止吸烟，你们国家的情况如何呢？
你觉得是否应该在禁止吸烟呢？**

현재 많은 국가가 공공장소에서 흡연을 금지하고 있습니다. 당신 국가의 상황은 어떻습니까?
당신은 공공장소에서 흡연을 금지해야 한다고 생각합니까?

答案 ：(赞成) 韩国很早就开始在公共场所禁止吸烟，而且一经发现违反规定的人，还
会赋予高额的罚款。我认为这是应该的。因为二手烟的伤害要比直接吸烟还
要大。不能因为吸烟的人而伤害不吸烟的人健康，不能让不吸烟的人被迫在
一个浑浊的环境里工作和生活。更何况吸烟本身也不是一个好的行为，特别
是青少年。因此我认为不在公共场所吸烟，不仅是对他人的负责，更是对自
己的负责。因此政府应该继续实行这一政策，并且加强管理。

(反对) 不吸烟的人有不吸烟的权利，同样吸烟的人也有吸烟的权利。虽然吸烟
不是一个什么好的爱好，但毕竟不是什么犯罪行为，因此不应该剥夺一个人
吸烟的权利。但不能肆无忌惮地在公共场所吸烟，危害不吸烟的人。但是也
不能一味地禁止吸烟，因为有可能适得其反。比如江南大街成为禁烟马路以
后，人们躲到了旁边的小胡同吸烟，不但禁烟的效果没有达到，反而使周边
的小胡同更加的混乱，影响了市容。因此应该给吸烟的人提供可以吸烟的空
间，既可以保护吸烟人的权利，又可以不侵害不吸烟的人的权利。

(찬성) 한국은 일찍이 공공장소에서 금연을 시작했으며, 게다가 일단 규정을 위반한 사람들을 발견하면
바로 고액의 벌금을 부과하고 있다. 나는 이것이 당연하다고 생각한다. 왜냐하면, 간접흡연을 하는
사람들은 직접 흡연자들보다 더 큰 피해를 받기 때문이다. 흡연자들 때문에 비흡현자들의 건강을 해칠
수는 없으며, 비흡연자들로 하여금 혼탁한 환경 속에서 일하고 생활하게 강요해서도 안 된다. 하물며
흡연자 본인에게도 좋은 행동이 아니며 특히 청소년들에게 그러하다. 그렇기 때문에 나는 공공장소에서
흡연해서는 안 된다고 생각한다. 이는 타인에 대해 책임을 지는 것일뿐 아니라 자신에게 책임을 지는
것이다. 따라서 정부는 계속해서 이 정책을 펴고, 관리를 강화해야 한다.

(반대) 비흡연자들이 비흡연의 권리가 있는 것처럼 흡연자들 또한 흡연의 권리가 있다. 비록 흡연이 좋은
행동은 아니지만 어떠한 범죄 행위라고도 볼 수 없다. 따라서 한 사람의 흡연 권리를 박탈해서는 안 된다.
그러나 제멋대로 아무런 거리낌 없이 공공장소에서 흡연해서는 안되며, 비흡연자들에게 해를 끼쳐서도
안 된다. 하지만 무턱대고 금연하라고 할 수도 없다. 왜냐하면, 결과가 바라는 것과 정반대가 될 수 있기
때문이다. 예를 들어 강남대로가 금연 거리로 지정된 이후, 사람들은 한 쪽 옆의 작은 골목으로 가서
흡연한다. 금연 효과를 거두지 못했을 뿐 아니라, 오히려 주변의 작은 골목만 더 복잡해 지면서, 도시의
모습 영향을 미쳤다. 따라서 흡연자들에게 흡연할 수 있는 공간을 제공해야 한다. 이는 흡연자의 권리를
보호할 수 있을 뿐만 아니라, 비흡연자의 권리 또한 침해하지 않을 수 있다.

오늘날 많은 한국 젊은이들이 호화로운 결혼식을 추앙합니다. 당신은 이 문제를 어떻게 생각합니까?

答案 ：(赞成)如果我结婚的话，我真的非常希望自己可以在一个豪华酒店举行婚礼，并且定做一件婚纱。结婚是每一个女孩儿心中最美的梦，再说一辈子只有一次当然是举办的越隆重越好。一般认为结婚的时候收到的祝福越多，婚后的生活就越幸福。所以我希望我的亲朋好友都能来参加我的婚礼祝福我。朋友们百忙之中远道而来，当然要用上等的东西来招待他们，这样才不会失礼。

(反对)其实现在年轻人结婚的费用大部分都是父母来支付。这些钱都是父母辛辛苦苦省吃俭用攒下来的。很有可能是他们养老的钱。他们为了孩子们辛苦了一辈子，几乎付出了自己所有的东西。所以我觉得结婚的时候不应该再让父母破费。再说现在经济不太景气，不应该铺张浪费。有了小朋友以后开销会更大，为了将来的生活应该尽量节省。

(찬성) 만약 내가 결혼을 한다면 고급 호텔에서 결혼식을 올리고 웨딩드레스도 한 벌 맞추고 싶다. 결혼은 모든 여자의 가장 아름다운 꿈일 뿐만 아니라 또 평생 한 번밖에 없으므로 당연히 성대할수록 좋을 것이다. 결혼할 때 축복을 많이 받을수록 결혼생활이 더 행복하다고 한다. 그래서 나는 모든 친척, 친구들이 나의 결혼식에 참석해서 축복을 해줬으면 좋겠다. 친구들이 바쁜 와중에도 먼 곳에서 오는 것이기 때문에 당연히 좋은 음식으로 대접해야 실례가 아닐 것이다.

(반대) 사실상 젊은이들의 결혼 비용은 거의 부모들이 지불하고 있다. 이 돈은 부모가 덜먹고 덜 쓰며 힘들게 저축한 돈이다. 그들의 노후자금일 수도 있다. 부모는 자식을 위해 한평생 고생하며 거의 자신의 모든 것을 내주었다. 때문에 결혼할 때는 더는 부모의 돈을 써서는 안 된다. 게다가 지금 경기도 좋지 않기 때문에 지나친 걸 지례로 돈을 낭비해서는 안 된다. 아이가 있으면 지출이 더 커질 수 있으므로 이후의 생활을 위해 최대한 아껴야 한다.

（30秒）提示音　　　　　　　　（40秒）　　　　　　　结束。

问题 ： 如果你住饭店，洗手间下水道堵了，你给服务台打电话要求处理时，
　　　　　怎么说明情况？

번역　문제 ： 당신이 묵는 호텔의 화장실 하수도관이 막혔습니다.
　　　　　　　당신은 프런트로 전화해 어떻게 상황 설명을 할 것입니까?

6부분에서 또다시 문제에 그림이 등장하는데, 이 부분에서 중요하게 평가하는 것은 자신이 어떠한 상황에 부닥쳐 있다고 가정할 수 있는지, 그 상황에 맞게 상대방과 대화하듯 답변할 수 있는지를 묻는 것입니다. 따라서 6부분의 문제에 대해 답변을 할 때 주의해야 할 점은 상황을 정확히 파악하여 내가 세운 가설과 나의 행위에 대해서 정확히 말하는 것입니다. 3문항으로 이루어졌으며 생각할 시간은 30초이고 답변시간은 40초입니다.

 你不小心把包落在了地铁上，请你向工作人员说明情况。

당신은 실수로 지하철에 가방을 두고 내렸습니다. 직원에게 상황을 설명해주세요.

答案1 ： 对不起，我刚才不小心把我手提袋落在地铁上了，请您帮帮我。

죄송합니다. 제 실수로 핸드백을 지하철에 두고 내렸어요. 저를 좀 도와주세요.

答案2 ： 对不起，我想问一下，如果我在地铁里遗漏了随身物品应该怎么找回来？

죄송한데, 말씀 좀 여쭐게요. 지하철에 소지품을 두고 내리면 어떻게 찾아야 하나요?

答案3 ： 您好，我刚才不小心把我的黑色手提袋落在了地铁上，是在3-3车厢右边的置物架上，下车的时间大概是16点45分，请问能找回来吗？什么时候能找回来呢？

안녕하세요, 제가 방금 실수로 제 검은색 핸드백을 지하철에 두고 내렸어요. 3-3칸의 오른쪽 선반에 두었고, 4시 45분쯤 내렸습니다. 찾을 수 있을까요? 언제쯤 찾을 수 있을까요?

答案4 ： 您好，我听说如果在地铁上落下东西，可以到地铁公司的官方网站上找到遗失物品，请问可以告诉我具体的方式吗？

안녕하세요. 지하철에 물건을 두고 내리면, 지하철 공사 홈페이지에서 분실물을 찾을 수 있다고 하던데, 구체적인 방법을 좀 알려주시겠어요?

 你买回家的衣服有点不太合适，你想退换，请你说明情况。

당신은 산 옷이 적합하지 않아 환불을 하고자 합니다. 상황을 설명해 주세요.

答案1 ： 你好，这是我昨天买回家的衣服。因为昨天时间有点儿紧张，我没有试穿，但是回家穿过后，我发现尺寸有点不太合适，能给我换一件大一码的吗？麻烦您了。

안녕하세요. 제가 어제 옷을 구매했는데요. 어제는 시간이 촉박해, 입어 보지 않았는데, 집에 가서 입어 보니 치수가 좀 안 맞는 것 같아요. 한 치수 큰 것으로 바꿔 주실 수 있나요? 번거롭게 해 드려 죄송합니다.

答案2 ： 你好，是这样的，昨天我在这里买了这件衣服。但是回家穿过之后发现大小不太合适，我想换一件，请您帮我处理一下。谢谢您。

안녕하세요. 어제 제가 여기서 옷을 샀는데요. 집에 가서 입어보니 치수가 잘 맞지 않아서, 옷을 바꾸려고 합니다. 좀 도와주세요. 감사합니다.

答案3 ： 你好，这是我昨天买的衣服，但是买回去之后觉得白色的这件还是不太适合我，有点显胖，我想换黑色的那件可以吗？

안녕하세요. 제가 어제 옷을 샀는데요. 집에 가서 입어보니 하얀색은 조금 뚱뚱해 보이고, 저에게 잘 어울리지 않더라고요. 검은색으로 교환할 수 있을까요？

答案4 ： 你好，昨天我买回去的这件衣服尺码有点不太合适，我想退了这件衣服，请您帮我处理一下。

안녕하세요. 어제 사 가지고 간 옷 치수가 잘 맞지 않아서 환불하려고 합니다. 처리 부탁해요.

 你家里的电脑坏了，想请售后服务的人来修理，你如何说明情况？

집의 컴퓨터가 고장 나 AS센터 직원에게 수리를 요청하려고 합니다.

상황을 어떻게 설명하겠습니까?

答案1 ： 你好，我是贵公司的用户，昨天开始，我的电脑出了一些问题，我自己实在是没有办法处理，可不可以请一位技术人员来帮我解决一下。

안녕하세요, 저는 귀사의 고객입니다. 어제부터 컴퓨터에 문제가 생겼는데, 저는 도무지 해결할 수가 없군요. 기술자를 보내 해결 좀 해 주시겠어요?

答案2 ： 你好，我最近买了贵公司的电脑，在使用的过程中出了一点小问题，请派一位维修人员来帮我修理一下，谢谢。

안녕하세요, 얼마 전 제가 귀사의 컴퓨터를 구입했는데요. 사용하던 중에 작은 문제가 생겼습니다. 수리공을 보내 수리 좀 해 주세요. 감사합니다.

答案3 ： 你好，最近不知道电脑是不是中了电脑病毒，网页总是不能正常开启，可不可以派一位技术人员帮我查杀。

안녕하세요, 컴퓨터에 바이러스가 걸렸는지 인터넷 홈페이지가 정상적으로 열리지 않아요. 기술자를 보내 바이러스를 치료해주세요.

答案3 ： 你好，对不起，最近不知道电脑出了什么毛病，总是死机，严重地影响了我的正常使用，请派一位维修人员过来帮我处理一下吧，谢谢。

안녕하세요. 컴퓨터에 문제가 생겼는지 계속 다운되어 제가 정상적으로 사용을 못 하고 있어요. 수리공을 보내 처리해 주시겠어요? 감사합니다.

你的朋友明天生日，你办了一个生日聚会为他庆祝，你如何邀请他？

내일은 친구의 생일입니다. 당신은 생일파티를 열어 친구를 축하해 주려고 합니다.
어떻게 친구를 초대하겠습니까?

答案1 ： 亲爱的，明天是你的生日，我和几个好姐妹想一起帮你庆祝一下。我们在我们常去
的那家饭店定好了包间，你可一定要来呀。我们在老地方见。

친구야, 내일은 너의 생일이야. 나와 몇몇 친구들이 함께 너의 생일을 축하해 주고 싶어. 우리가 자주 가던
음식점을 예약해 놨으니까 꼭 와. 거기서 보자.

答案2 ： 明天是你的生日，我请了好久没有见面的兄弟们一起来给你庆祝，希望你开心。你
可一定要来啊，别枉费了我的一番心意。

내일이 네 생일이라, 내가 오랫동안 못 만났던 친구들을 초대해서 생일을 축하해 주려고 해. 네가 기뻐했으면
좋겠다. 내일 꼭 와야 해. 내 성의를 헛되게 하면 안돼.

答案3 ： 明天我们找来好久没有见面的朋友聚一聚吧，顺便帮你庆生，怎么样？只要你同
意，我马上给他们打电话。

내일 오랫동안 못 만났던 친구들과 뭉치자. 그 김에 네 생일 파티도 하고, 어때? 너만 좋다고 하면, 내가
친구들에게 바로 연락할게.

答案4 ： 记得你明天生日，我们择日不如撞日，明天找兄弟们聚一聚。痛痛快快地玩一天，
庆祝你的生日，怎么样？主意不错吧？你会来参加吧？

내일이 네 생일이지? 우리 날짜를 따로 정해서 만나기보다는 네 생일이니까, 내일 친구들과 함께 모이자.
마음껏 놀고, 네 생일 축하도 하고, 어때? 좋은 생각이지? 너 내일 올 거지?

 **因为你的家人移民，所以你不得不离开现在的公司（或学校），
你如何跟朋友们告别？**

당신은 가족들과 이민을 가게 되어 현재의 회사(학교)를 떠나야 합니다.
동료(친구)들에게 어떻게 작별인사를 하겠습니까?

答案1 ： 亲爱的朋友们，过几天我就要和家人一起移民到澳洲了。虽然我很舍不得大家，但
是我也没有办法，只能遵从父母的决定。我会想你们的，我们要保持联系啊！

애들아, 며칠 후면 나는 가족들과 호주로 이민을 가. 너희와 헤어지는 것이 아쉽지만, 어쩔 수 없구나. 부모님의
결정을 따를 수밖에. 너희가 정말 보고 싶을 거야. 우리 계속 연락하자.

答案2 ： 亲爱的同事们，明后天，我就要移民到澳洲了。这段时间能和大家共事，我真的感
到很荣幸，我也学到了很多。到了新的环境我也不会忘了大家。大家一切保重啊。

여러분, 내일이면 저는 호주로 이민을 갑니다. 여러분과 함께 일할 수 있어서 매우 영광스러웠고, 또 많은 것을
배웠습니다. 새로운 곳에서도 여러분을 잊지 못할 것입니다. 모두 건강히 지내십시오.

答案3 ： 亲爱的朋友们，再过几天我就要离开了，天下没有不散的宴席，大家不要太难过。我
一定会常常和你们联系的，也欢迎你们有机会去我那边玩儿。

애들아, 며칠 후면 나는 이곳을 떠나. 만남이 있으면 헤어지기 마련이니 너무 슬퍼하지 마. 우리 꼭 자주
연락하자. 언제든 기회가 있으면 놀러 와.

答案4 ： 我的丈夫被公司派到了中国分公司，我也决定跟他一起过去。虽然很舍不得这里的
一切，但是还是觉得要在他的身边照顾他。况且我也想继续深造，学习学习汉语。
我真的很舍不得大家，大家要珍重啊，我们常联系。

제 남편이 중국 지사로 파견가게 되어, 저도 따라 가기로 했습니다. 이곳을 떠나고 싶지 않지만, 남편의 곁에서
함께 있어야 할 것 같아요. 또 중국어 공부를 계속해서 깊게 연구하고 싶기도 하고요. 여러분이 정말 그리울
것입니다. 모두 건강하시고, 자주 연락합시다.

친구가 당신에게 큰 도움을 주었습니다. 어떻게 감사를 표시하겠습니까?

答案1 : 谢谢你，这次真是多亏了你。如果没有你的帮忙我真的不知道该怎么办才好。我真是欠了你一个大人情，以后有什么需要帮忙的尽管跟我说。

감사합니다, 정말 큰 신세를 졌어요. 당신의 도움이 없었다면 어떻게 해야 할지 몰랐을 거예요. 정말 당신에게 큰 신세를 졌어요. 언제든 도움이 필요하면 저에게 이야기하세요.

答案2 : 我一个人孤身在外，每次有难处都有你帮忙，我真不知道该怎么感谢你。如果以后你需要什么帮助，我保证随叫随到。

외지에 혼자 나와 있는 내가 어려움에 처할 때마다 당신이 도움을 주는군요. 정말 어떻게 감사를 드려야 할지 모르겠어요. 나중에 도움이 필요하면 부르세요. 바로 달려갈게요.

答案3 : 俗话说得好，在家靠父母，出门靠朋友。幸亏有了你这样热心肠的好朋友，每次在我有困难的时候都帮我。真是太谢谢你了，我一定记得你的这份情谊。

집에서는 부모님께, 밖에서는 친구에게 의지하라는 옛말이 있지. 다행히도 난 마음씨 따뜻한 너 같은 친구가 있어서 어려울 때마다 도움을 받는구나. 정말 고마워, 너의 우정 항상 기억할게.

答案4 : 最近你工作这么忙还来帮我，真是太谢谢你了。以后你有什么困难一定要叫我啊！我一定义不容辞，有时间我请你吃顿饭。

요즘 네 일이 이렇게 바쁜데 나를 도와줘서 정말 고마워. 나중에 힘든 일이 생기면, 언제든 날 불러. 내가 발 벗고 나설게. 시간 있으면, 내가 밥 살게.

答案5 : 屋漏偏逢连夜雨，最近我的身体不太好，偏偏又遇上这样的麻烦事。多亏有你，以后有机会我一定报答你的"大恩大德"。

엎친 데 덮친다고, 요즘 몸도 좋지 않은데, 또 이렇게 번거로운 일이 생기네요. 그래도 당신이 있어 천만다행이에요. 기회가 있으면, 꼭 보답할게요.

答案6 : 这次真是谢谢你了，真是患难见正情。平时没什么感觉，遇到困难了才知道朋友的重要性。有你们这样的一群真心实意的朋友，真是我的荣幸。太谢谢你们了。

이번에 당신께 정말 감사드려요. 정말 어려울 때 친구가 진짜 친구네요. 평소에는 몰랐는데, 힘든 일이 생기니 친구의 중요성을 알겠네요. 여러분 같은 진정한 친구가 있어 정말 행복합니다. 정말 고마워요.

당신은 유명한 음식점을 예약하려고 합니다. 어떻게 예약하겠습니까?

答案1 ： 你好，请问是**餐厅吗？我想预定一个两人桌，今天晚上8点去用餐。请问有空桌吗？

안녕하세요, **식당이죠? 오늘 저녁 8시, 2명 테이블을 예약하려고 합니다. 자리가 있습니까?

答案2 ： 你好，请问现在还可以预定吗？我想要一个包厢，大概晚上9点，六个人去用餐。可以现在点菜吗？

안녕하세요, 지금 예약이 가능한가요? 방 하나를 예약하려고 합니다. 오늘 저녁 9시고, 총 6명입니다. 지금 음식을 주문해도 됩니까?

答案3 ： 你好，我姓李，我想明天晚上9点去用餐。请给我安排一个靠窗的桌子。如果没有靠窗的桌子，那么我想要一个比较安静的地方。谢谢！

안녕하세요, 저는 Ms. Lee입니다. 내일 저녁 9시에 예약을 하려고 합니다. 창가 쪽 테이블로 예약해주시겠어요? 혹시 창가 쪽 자리가 없다면, 조용한 곳으로 예약해 주세요. 감사합니다.

유학을 가고 싶어 하는 친구가 당신의 의견을 듣고자 합니다. 친구에게 어떻게 이야기하겠습니까?

答案1 : 听说你决定去留学深造，我觉得这个想法太好了，我全力支持你。

유학을 가서 학업을 계속하겠다는 결정은 정말 좋은 생각인 것 같아. 나는 너를 적극적으로 지지해.

答案2 : 听说你要去留学了，虽然很舍不得你，但是我还是很支持你的决定。趁着年轻多学一点东西，对将来的发展有帮助。其实我也很想去留学，但是家里条件不允许。我真羡慕你，你可要珍惜机会啊。

유학을 가겠다는 네 이야기를 들으니 아쉽기도 하지만, 그래도 난 너의 결정을 지지해. 젊었을 때 많은 것을 배우면, 나중에 큰 도움이 될 거야. 사실 나도 유학을 가고 싶은데 집안 사정이 여의치 않네. 정말 네가 부럽다. 이 기회를 소중히 생각해야 해.

答案3 : 听说你的留学签证办下来了。太好了！年轻的时候多出去看一看是一个明智的选择。

유학 비자를 받았다면서? 정말 잘 됐다! 젊었을 때 해외에 나가 많은 것을 보는 건 정말 현명한 선택이야.

答案4 : 听说你决定去留学了，我劝你还是慎重考虑一下。你现在已经不年轻了，放弃工作去留学是一个很冒险的决定。

유학 가겠다고 결정했다는 이야기를 들었어. 그런데 신중하게 생각해 봐야 해. 넌 이미 젊지 않기 때문에 회사를 그만두고 유학을 간다는 건 위험한 결정이야.

答案5 : 听说你要去留学了。虽然是一个好的想法，但是你的父母年纪都大了，身体也不太好。除了你以外也没有什么人可以照顾他们，你能安心学习吗？你再好好想想吧。

유학 가겠다는 이야기 들었어. 좋은 생각이긴 한데, 너희 부모님은 연세도 많고, 건강도 좋지 않으시잖아. 너 말고는 돌봐드릴 사람이 없는데, 마음 놓고 공부할 수 있겠어? 다시 한번 잘 생각해봐.

 你的朋友学汉语很努力，但是结果一直不太理想，想让你介绍一下你的方法，你怎么说？

당신의 친구는 중국어 공부를 매우 열심히 함에도 결과가 좋지 않습니다.
당신의 비법를 알려달라고 하는데, 당신은 어떻게 이야기하겠습니까?

答案1 ： 你不要太灰心了。学习语言真的没有什么窍门，只有每天努力练习。如果你持之以恒，一定会有很大的进步的。

너무 낙담하지 마. 언어는 왕도가 없고, 매일 열심히 공부하는 수밖에 없어. 네가 꾸준히 노력한다면, 분명 발전이 있을 거야.

答案2 ： 我最近进步这么快是因为我交了一个中国朋友。我们常常用汉语对话，可以在生活中应用书本上学到的东西，加深了我的记忆，对我的学习帮助很大。而且如果我说错了，他还可以及时地帮我改正。你也交一个中国朋友吧。

최근 들어내 중국어 실력이 향상된 것은 중국 친구를 사귀었기 때문이야. 우리는 자주 중국어로 대화하기 때문에 책에서 배운 내용을 생활에서 응용할 수 있고, 이렇게 하면 기억에 오래 남아 학습에 큰 도움이 돼. 내가 말을 잘못하면, 친구가 바로 고쳐주기도 해. 너도 중국 친구를 사귀어 봐.

答案3 ： 其实我也没有什么好的窍门可以介绍给你。不过我觉得通过看影视作品学习语言是一个好的方法。没有那么枯燥，还可以了解中国的文化。从简单的开始，循序渐进，假以时日听力和口语都能进步不少。

사실 너에게 알려 줄 만한 비법은 없어. 그런데 난 영상을 통해 언어 공부를 하는 것도 좋은 방법이라고 생각해. 지루하지도 않고, 중국의 문화를 이해할 수도 있잖아. 간단한 것부터 시작해서 조금씩 수준을 높여가면, 듣기와 말하기 수준 모두 향상될 거야.

 你的朋友这次面试又失败了，你如何安慰他？

당신의 친구가 면접에서 떨어졌습니다. 친구를 어떻게 위로하시겠습니까?

答案1 ： 听说你面试又失败了，不要太难过了，是金子总会发光的。你只是还没有遇到合适的机会，慢慢来，你一定会成功的。

> 면접에서 또 떨어졌단 이야기 들었어, 너무 슬퍼하지 마, 황금은 언젠가 빛을 발하게 되어있어. 넌 아직 적당한 기회가 오지 않은 것뿐이야. 힘내, 넌 분명 성공할 거야.

答案2 ： 听说你面试失败了，不要太灰心了，你这么优秀，总会遇到一个赏识你的伯乐的。

> 면접에서 떨어졌다며? 너무 낙담하지 마. 넌 이렇게 뛰어나니 분명 널 알아보는 사람이 있을 거야.

答案3 ： 听说你的面试又失败了。看你的简历，你很优秀，是不是面试的时候总是忽略一些东西呢？听说有一种面试培训班，专教面试技巧。你去试试怎么样？

> 면접에서 또 떨어졌다는 이야기 들었어. 이력서를 보니 넌 정말 뛰어난 것 같은데, 혹시 면접에서 뭔가를 간과한 것은 아닐까? 면접 요령을 알려주는 면접 준비반이 있다고 하던데, 거기 가보는 것은 어때?

答案4 ： 听说你又失败了，不要太难过了。失败是成功之母，好好总结一下失败的原因，下次一定能成功。

> 면접에서 또 떨어졌다며, 하지만 너무 괴로워하지 마. 실패는 성공의 어머니이니, 실패한 원인을 잘 생각해보면, 다음번엔 분명 성공할 거야.

친구의 어머니께서 몸이 좋지 않으십니다. 친구를 어떻게 위로하시겠습니까?

答案1 ： 听说阿姨住院了。不要太担心了，现在医术这么发达，阿姨一定可以痊愈的。

어머니께서 입원하셨다며. 너무 걱정하지 마, 요즘은 의료기술이 발달해서 어머니께서 꼭 회복하실 거야.

答案2 ： 听说阿姨生病了，不要太担心了。阿姨平时那么注意养生，我想不会有什么大问题的。

어머니께서 아프시다고 들었어. 하지만 너무 걱정하지 마, 평소에 그렇게 건강에 신경 쓰시는 분이신데, 분명 큰 문제는 없을 거야.

答案3 ： 听说你的妈妈生病了。你很难过吧，有什么需要我帮忙的吗？

어머니께서 편찮으시다고 들었어. 정말 힘들겠다. 내가 도와줄 건 없니?

答案1 ： 听说你和女朋友分手了。不要太难过了，天涯何处无芳草，你这么优秀一定会找到一个更好的女生的。

여자친구와 헤어졌단 이야기 들었어. 너무 힘들어하지 마, 세상에 여자는 많잖아. 넌 정말 멋있으니까 더 좋은 여자친구를 만날 수 있을 거야.

答案2 ： 听说你被女朋友甩了。不要太伤心了，是你的女朋友没有眼光。有机会我给你介绍一个女朋友吧。

여자친구한테 차였다며. 너무 상심하지 마, 네 여자친구가 보는 눈이 없는 거야. 기회가 되면 내가 여자친구 소개해줄게.

答案3 ： 听说你跟男朋友分手了。别太难过了，你们从开始谈恋爱的时候，就因为性格不合适总吵架。现在这样也好，长痛不如短痛，你一定能遇到一个更适合你的。

남자친구와 헤어졌다고 들었어. 너무 힘들어하지 마, 연애 초기부터 성격 차이로 자주 싸웠잖아. 지금이라도 헤어지는 게 나아. 넌 분명 너와 더 잘 맞는 사람을 만날 수 있을 거야.

答案4 ： 你说你跟男朋友分手了。别太难过了，我一直就觉得他配不上你。你一定能遇到一个"白马王子"的。走吧，我陪你去喝一杯吧！

남자친구와 헤어졌다고? 너무 괴로워하지 마, 난 처음부터 그 사람은 너와 어울리지 않는다고 생각했어. 넌 분명 '백마 탄 왕자님'을 만날 수 있을 거야. 가자, 내가 술 한 잔 살게.

 朋友想去旅行，请你给他介绍一个地方，你会介绍哪里？

친구가 여행을 가고 싶어 합니다. 친구에게 여행지를 소개해 주세요, 어디를 소개하겠습니까?

答案1 ： 去昆明怎么样，那里四季如春、风景宜人，是一个休息的好地方。我去年去过那里，
真的超棒！

쿤밍 어때? 쿤밍은 사계절 날씨가 봄과 같고, 풍경도 아름다워 쉬기에 좋은 곳이야. 나도 작년에 갔었는데,
정말 최고였어.

答案2 ： 我推荐你去***，那里的特色小吃非常的可口，我想你一定会喜欢的。

****를 추천해. 그곳의 특색을 가진 간식들은 정말 맛있어, 네가 정말 좋아할 것 같아.

答案3 ： 我去年去过***，那里真的很不错。那里的人很热情，有很多名胜古迹，物价也不太
高，所以旅游的开销也不是很大。很适合像我们这样的背包客。

작년에 ***를 갔었는데, 정말 좋았어. 인심도 좋고, 명승고적도 많고, 물가도 비싸지 않아 지출도 많지
않았어. 우리 같은 배낭여행객에게 딱 맞아.

친구에게 이성 친구를 소개해 주려고 합니다. 어떻게 소개하시겠습니까?

答案1 : 我给你介绍一个男朋友怎么样?他是我哥哥的朋友。人很老实本分,有一个稳定的
工作,长得也不错。我觉得很适合你,你考虑一下吧。

너에게 남자친구 하나 소개해 줄게, 어때? 그는 우리 오빠 친구인데, 성실하고, 직업도 안정적이고, 외모도
괜찮아. 너에게 잘 어울릴 것 같은데, 한 번 생각해봐.

答案2 : 我男朋友的好哥们刚刚和女朋友分手。他很温柔体贴,你去见一见吧。也许你会发
现你们很合适。

내 남자친구의 친한 형이 얼마 전에 여자친구와 헤어졌대. 성격도 온화하고, 세심해. 한 번 만나봐, 서로 잘
어울릴지도 몰라.

答案3 : 我给你介绍一个女朋友吧。她非常的漂亮,也很温柔,而且听说最近刚刚得到了教
师资格证。我想她会是你理想的对象。

내가 여자친구 소개해 줄게. 그녀는 정말 아름답고, 성격도 온화해. 또 얼마 전에 교사 자격증도 땄대. 분명
네 이상형일 거야.

答案4 : 我妹妹有一个朋友各方面都很优秀,我觉得他和你很般配。我找一个机会介绍你们
认识怎么样?

내 여동생 친구가 있는데, 다방면에 뛰어난 사람이야. 내 생각엔 너와 잘 어울릴 것 같은데, 내가 만날 기회를
한 번 만들어 볼까? 어때?

答案1 : 大家好，我是新来的职员***，以后请大家多多关照。

여러분, 안녕하십니까? 저는 신입직원 ****입니다. 앞으로 잘 부탁드립니다.

答案2 : 大家好，今天是我第一天上班。我工作经验不多，有很多不懂的地方。以后一定少不了麻烦大家，还请大家多多包涵。

여러분, 안녕하십니까? 오늘 첫출근 했습니다. 업무 경험이 적고, 잘 모르는 부분이 많습니다. 앞으로 번거롭게 해드릴 일이 많을 것 같습니다. 양해 부탁드립니다.

答案3 : 你们好，我是***，是公司新招来的职员。希望我们以后像一家人一样互相帮助共同努力。我有什么做得不好的地方，请大家不要客气，尽管说就是了。

여러분, 안녕하십니까? 저는 신입사원 ***입니다. 앞으로 여러분과 가족처럼 서로 도우며 함께 노력하고 싶습니다. 제가 부족한 부분이 있으면, 주저하지 마시고 언제든 말씀해 주세요.

答案4 : 你们好，我是公关部新来的职员。我一定尽快地了解公司的情况，适应公司的环境，努力工作。也请大家多多帮助。

여러분, 안녕하십니까? 저는 홍보팀의 신입사원입니다. 앞으로 신속하게 회사 상황을 이해하고, 업무환경에 적응해 열심히 일하겠습니다. 잘 부탁드립니다.

 你今天想早点下班，你如何向公司请假？

당신은 오늘 일찍 퇴근해야 합니다. 회사에 어떻게 휴가를 신청하겠습니까?

答案1 : 部长，对不起，刚才家里来电话说有点急事，让我快点回去。我可不可以请半天假。

부장님, 죄송합니다. 방금 집에서 전화가 왔는데, 급한 일이 생겨 서둘러 집으로 오라고 합니다. 오늘 조퇴(반차)를 신청할 수 있을까요?

答案2 : 部长，对不起，今天身体真的有点不舒服。我想请半天假去医院看一看，可以吗？

부장님, 죄송합니다. 오늘 몸이 좋지 않습니다. 조퇴(반차)를 하고(내고) 병원을 좀 가보려고 하는데 괜찮을까요?

答案3 : 部长我能请半天病假吗？不知道是不是昨天工作到太晚，今天真的太累了。我今天的工作已经做完了，如果公司有什么急事，可以打电话给我，我再来公司。

부장님, 오늘 병가를 낼 수 있을까요? 어제 늦게까지 일을 해서 그런지 몰라도, 오늘 너무 피곤합니다. 오늘 업무는 모두 끝냈습니다. 급한 일 있으시면, 전화 주세요, 다시 회사로 오겠습니다.

答案4 : 老板，我想请半天事假。我太太刚生小朋友，还在坐月子。我真的不放心让她一个人待在家里。过两天丈母娘会来家里帮忙照顾。我保证就这一次，下不为例。

사장님, 오늘 조퇴를 하고 싶습니다. 제 아내가 얼마 전 아이를 낳고 지금 산후 조리 중입니다. 그녀가 혼자 집에 있는 것이 계속 마음에 걸립니다. 이틀 후면 장모님이 오셔서 집안일을 돌봐주시기로 했습니다. 이번이 마지막이고, 다음번에는 이런 일이 없을 것입니다.

지하철에서 누군가가 큰소리로 통화를 하고 있습니다. 당신은 그에게 뭐라고 말하겠습니까?

答案1 ： 这位先生对不起！你看车厢里很安静，但是你讲电话的声音很大，影响到了大家。你能不能小声一点。

저 실례합니다. 지금 열차 안이 조용한데, 선생님의 통화소리가 너무 커 다른 승객들에게 영향이 갑니다. 조금만 조용히 해주실 수 있습니까?

答案2 ： 这位先生，不好意思，你讲电话的声音太大了，影响到了周围的人。您还是小声一点吧，可以吗？

저 실례합니다. 선생님께서 전화하시는 소리가 너무 커 다른 승객들에게 영향이 갑니다. 조용히 해주시겠습니까?

答案3 ： 这位先生，你讲电话的声音太大了，影响到了旁边的人。我劝你讲电话时最好用一只手稍微挡着一点，免得影响其他的乘客。

저 선생님, 전화 통화소리가 너무 커, 옆 사람에게 방해됩니다. 전화할 때, 한 손으로 가리고 조용히 해주셔야 다른 승객들에게 영향이 없습니다.

答案4 ： 这位先生，你在这么安静的车厢里，用这么大的声音讲电话，我觉得很不文明。你看你影响到了其他的乘客，你还是稍微注意一下，好吗？

저 선생님, 이렇게 조용한 열차에서 큰 소리로 통화하는 것은 교양이 없는 행동이라 생각합니다. 보십시오, 다른 승객들에게 방해되지 않습니까? 조금만 주의해 주시겠습니까?

당신의 친구가 다른 친구의 험담을 하는 것을 들었습니다. 당신은 어떻게 이야기하겠습니까?

答案1 ： 我虽然能理解你的心情，但是我觉得像你这样在背后说好朋友的坏话不太好。世上没有不透风的墙，你说的这些话早晚都会传到丽丽的耳朵里，到时候恐怕连朋友都做不成了，多不好啊！

네 마음은 이해하겠는데, 난 너처럼 뒤에서 친구의 험담을 하는 것은 잘못된 것이라 생각해. 세상에 비밀은 없어. 네 말은 언제든 리리의 귀에 들어가게 되어 있어. 그러면 친구 사이가 틀어지게 될 거야.

答案2 ： 我想你说的话也有道理，大家这么多年的朋友了，你跟他见面好好谈谈吧。我想他能够理解你的想法。

네 말도 일리가 있다고 생각해. 우린 오랜 친구니까, 그와 만나서 잘 이야기 해봐. 그도 네 생각을 이해할 거야.

答案3 ： 这件事他做得是不太好。但是我认为一个巴掌拍不响，你也有一定的责任，找他开门见山地谈一谈，我想你们一定能够和好如初的。

이번 일은 걔가 잘못했네. 하지만 손바닥도 마주쳐야 소리가 나는 거야. 너에게도 책임이 있어. 그와 단도직입적으로 이야기해봐. 난 너희 관계가 분명 처음처럼 좋아질 거라고 생각해.

答案4 ： 你别太激动了，冷静下来，就算她做得再不对也是多年的朋友了。你们都互相退一步，别伤了和气。我也去劝劝她，你别再生气了啊！

흥분하지 말고, 침착해. 걔가 아무리 잘못했다고 해도 우린 오랜 친구잖아. 서로 한 발씩 양보해야지, 서로 상처 주지 말고. 나도 잘 타일러 볼게, 화내지마!

7부분 · 4개의 연속된 그림을 보고 줄거리 구성하기

7부분은 4컷 만화를 보고 줄거리를 구성하는 부분입니다. 생각할 시간은 30초이고 답변 시간은 90초입니다. 이 부분은 짧은 시간에 그림의 내용을 정확하게 파악해야 할 뿐만 아니라 또 기승전결에 맞게 줄거리를 구성해야 합니다. 7부분의 포인트는 단순하게 보이는 그림만 설명하는 것이 아니라, 언제 어디서 누가 어떤 일을 하였는가를 친구에게 말해 주듯이 완성된 줄거리를 만들어야 하는 것입니다. 따라서 1컷 그림을 설명 설명하는 것부터 시작하는 것이 아니라 주인공 묘사, 사건이 일어난 배경 묘사 등부터 시작하는 것이 더욱 좋은 답이 될 수 있습니다.

答案1 : 姐姐最近量了一下体重发现自己重了很多，吓了一跳。所以姐姐决心减肥。她每天非常认真地运动。但是由于运动量太大，反而吃了更多的东西。一个月以后姐姐发现自己的体重没减反增。

언니는 최근 체중을 재보고 늘어난 몸무게에 깜짝 놀랐습니다. 언니는 다이어트를 결심하고 매일 열심히 운동하기 시작했습니다. 하지만 운동을 너무 많이 해서인지 오히려 더 많이 먹게 되었습니다. 결국, 한 달 새에 언니의 체중은 더 많이 늘어났습니다.

答案2 : 最近姐姐交了一个男朋友，所以非常注意自己的外貌。有一天姐姐量了一下体重，结果吓了一跳。为了恢复到原来苗条的身材姐姐制定了魔鬼减肥计划。她每天去健身房认真地运动。运动量突然增加让她常常感到饥饿。姐姐觉得自己认真运动了所以多吃一点应该没有关系，处于这种补偿心理，她吃得比以前多了很多。结果这样一个月以后，姐姐不但没有减肥成功，体重反而增加了。所以最近姐姐很沮丧。

최근 언니는 남자친구를 사귀게 되어 자신의 외모에 부쩍 신경을 쓰기 시작하였습니다. 그러던 어느 날 언니는 자신의 몸무게를 재보고 결과에 깜짝 놀랐습니다. 언니는 원래의 날씬한 몸매로 돌아가기 위해 살인적인 다이어트 계획을 세웠습니다. 언니는 매일 헬스장에서 열심히 운동을 하였습니다. 갑자기 늘어난 운동량 때문인지 언니는 자주 허기를 느끼게 되었습니다. 언니는 열심히 운동했으니 조금 많이 먹어도 괜찮다는 보상심리에 평소보다 더 많이 먹기 시작하였습니다. 그 결과 한 달 후 언니의 다이어트는 성공하지 못했을 뿐만 아니라 오히려 몸무게가 더 증가했습니다. 그래서 최근 언니는 매우 풀이 죽어 있습니다.

答案1 : 明天有考试，但是晚上没有复习，而是跟朋友们出去喝酒了。考试比自己想的要难很多。为了考一个好的分数，偷偷地看了旁边同学的答案。结果分数反而比自己想的要差了很多。

내일 시험이 있는데도 저녁에 복습하지 않고 친구들과 술 마시러 갔습니다. 시험은 생각했던 것보다 어려웠습니다. 그는 좋은 성적을 얻기 위해 옆 친구의 답안지를 훔쳐보았습니다. 하지만 점수는 자신이 생각한 것보다 못 나왔습니다.

答案2 : 虽然明天有一个重要的考试，但是小明还是去参加了发小的生日聚会。小明和朋友们聚到了很晚，而且由于喝得有点多，小明回家后一点也没有复习倒头就睡了。第二天到了考场，小明脑子里一片空白，不论怎么想也想不出答案来。小明急得满头大汗，无奈之下小明决定"参考"一下旁边同学的答案。小明趁监考不注意，偷偷地打起了小抄。但是成绩却让小明大失所望。看来旁边的同学也没有复习，分数要比小明想的差得多。小明很失望，决心不再喝酒，认真复习，重新挑战。

비록 내일 아주 중요한 시험이 있지만 샤오밍은 친구의 생일파티에 참석했습니다. 샤오밍과 친구들은 아주 늦은 밤까지 술을 마셨습니다. 술을 너무 많이 마신 샤오밍은 귀가한 후 공부를 전혀 하지 않고 바로 잤습니다. 다음날 시험장에서 그의 머리는 백지장처럼 아무런 답도 생각이 나지 않았습니다. 조급한 마음에 그는 땀투성이가 되었습니다. 어쩔 수 없이 샤오밍은 옆 친구의 답을 '참고'하기로 결심을 했습니다. 그는 감독관이 안 보는 틈을 타 컨닝을 했습니다. 하지만 성적은 매우 실망스러웠습니다. 옆 친구도 어제 복습을 안 한 것 같습니다. 성적은 샤오밍이 생각한 것보다 훨씬 낮게 나왔습니다. 크게 실망한 샤오밍은 술을 끊고 열심히 공부하여 재도전하기로 하였습니다.

答案1 : 昨天是公司聚餐的日子，李先生和同事们喝到了很晚。昨天晚上喝得太多，李先生根本没有听到闹钟响。李先生上班又迟到了，被上司狠狠地骂了一顿。李先生决定再也不喝酒，不到10点就上床睡觉了。

어제는 회사에서 회식하는 날이었습니다. 이씨는 동료들과 늦은 밤까지 술을 마셨습니다. 어젯밤에 술을 너무 많이 마신 탓인지 그는 알람 소리를 아예 듣지 못하였습니다. 그래서 그는 지각했고 상사에게 따끔하게 한소리를 들었습니다. 이씨는 다시는 술을 마시지 않겠다는 결심을 하고 10시도 안 돼서 취침을 하였습니다.

答案2 : 小明平时很喜欢下班以后跟朋友们喝一杯，联络感情、缓解压力。昨天晚上也不例外，他下班以后约了几个好朋友在公司附近的餐厅聚了聚。但是昨天小明和朋友们的心情都很不错，所以多喝了两杯。结果早晨小明睡得太沉，不论闹钟怎么响，小明就是不起床。急急忙忙上班的小明还是迟到了。但是小明不是第一次迟到，上司很生气。小明不仅被上司狠狠地骂了一顿，还被扣了工资。小明下定决心戒酒，早睡早起。今天小明不到十点就上床睡觉了。

샤오밍은 평소 퇴근 후 친구들과 술 한잔 하며 감정을 나누고 스트레스 푸는 것을 아주 즐겼습니다. 어제저녁에도 예외 없이 퇴근 후 몇몇 친구와 회사 근처의 식당에 모였습니다. 하지만 어제 샤오밍과 친구들은 모두 기분이 좋아 조금 평소보다 많이 마셨습니다. 그래서 너무 깊게 잠이 들어 아침에 알람이 아무리 울려도 일어나질 못했습니다. 급하게 출근을 했으나 결국 늦고 말았습니다. 지각하는 것이 처음 있는 일이 아니어서 상사는 크게 화를 냈습니다. 샤오밍은 상사에게 한바탕 욕을 먹었을 뿐만 아니라 월급도 깎였습니다. 샤오밍은 술을 끊고 일찍 자고 일어나는 습관을 들이기로 결심했습니다. 그래서 오늘 샤오밍은 10시도 안 돼서 잠자리에 들었습니다.

答案1 ： 妈妈生病了，孩子们很想为妈妈做点什么。他们打扫了屋子，还给妈妈做了粥。妈妈尝了一口粥，味道虽然不太好吃，妈妈还是很感动，把粥都喝了。

어머니가 아파서 아이들은 어머니를 위해 무언가를 하려고 합니다. 그들은 집 청소를 하고 어머니에게 죽도 끓여 드렸습니다. 어머니는 죽을 한 입 맛보았는데 맛은 없었지만 크게 감동하시고 남은 죽을 다 드셨습니다.

答案2 ： 平时在家里都是妈妈照顾一家人。她总是把房间打扫得干干净净的，给家人精心地准备丰盛而又美味的食物。可是最近降温，妈妈不小心感冒了，发烧躺在床上没有办法做家务了。孩子们看到妈妈生病的样子很心疼，想要为生病的妈妈做一些事情。于是他们学着妈妈平时的样子打扫了房间，还煮了一碗热腾腾的粥。他们把辛苦熬好的粥端到了妈妈的床前。妈妈很感动地尝了一口，虽然味道差了一点，但是看到孩子们懂事的样子，妈妈还是很开心地把粥都喝了。俗话说父母是孩子们的镜子，孩子们能这么懂事孝顺，都是因为妈妈起到了表率作用。

평소에는 어머니가 온 집안 식구를 돌보았습니다. 어머니는 늘 집을 깨끗이 청소하고 가족을 위해 맛있는 음식을 정성껏 준비하였습니다. 하지만 최근에 기온이 많이 떨어져서 어머니가 그만 감기에 걸리고 말았습니다. 열이 난 어머니는 침대에 누워 계실 뿐 집안일을 할 수 없게 되었습니다. 아이들은 아픈 어머니의 모습을 보고 마음이 아파 어머니를 위해 무언가를 하려고 했습니다. 그래서 그들은 어머니의 평소 모습을 따라 집을 청소하고 따끈따끈한 죽도 끓였습니다. 아이들은 어렵게 끓인 죽을 어머니 앞으로 가져갔습니다. 어머니는 감동하며 한 입 먹어 보았습니다. 비록 맛은 없었지만, 아이들의 철이 든 모습을 보고 즐겁게 죽을 다 드셨습니다. 부모는 아이들의 거울이라고 합니다. 아이들이 이처럼 철들고 효도할 수 있는 것은 어머니가 본보기를 잘 보였기 때문입니다.

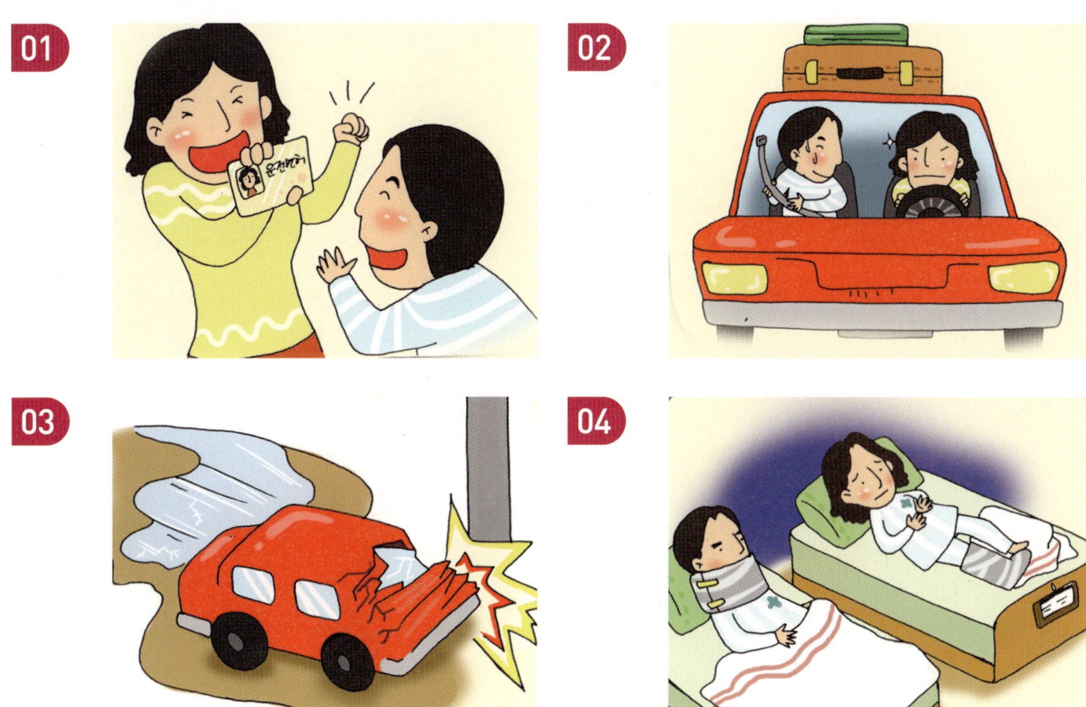

答案1 ： 前几天老婆终于考到了驾驶执照，她非常的兴奋。决定这个周末亲自开车载着我去郊区散散心。但是第一次开车上路的老婆太紧张了，不小心撞到了路边的树。结果，不但没有去成郊游，还住到了医院。

며칠 전 드디어 운전면허를 딴 아내는 매우 신이 났습니다. 그녀는 주말에 직접 운전하여 저를 태우고 교외로 기분 전환하러 가기로 계획했습니다. 하지만 처음으로 운전대를 잡은 아내는 매우 긴장해서 가로수를 들이받고 말았습니다. 그 결과, 우리는 교외도 가지 못하고 입원했습니다.

答案2 ： 我的爱人考了几次驾照都失败了。不过经过几番努力，在上一个周末她终于成功的拿到了驾照。刚刚拿到驾照的她非常的兴奋，决定这个周末由她开车载着我一起去郊区野餐、散散心、放松放松。我虽然很不放心，但是因为不想让她失望所以答应了她。结果第一次上路的太太非常的紧张。她非常的小心，开得很慢。但是由于前两天刚刚下过雪，天冷路滑。汽车不小心打滑了。太太手忙脚乱，慌忙地补救，我也在一旁着急。但是最后还是撞到了路边的树上。我们都受伤了，不但郊游散心泡汤了，还住进了医院。太太很沮丧，再也不敢开车了。

아내가 여러 차례 운전면허 시험에 도전했지만 모두 실패했습니다. 여러 번의 노력 끝에 그녀는 지난주에 드디어 운전면허를 땄습니다. 운전면허증을 받은 아내는 매우 흥분하여 주말에 직접 운전해 저를 태우고 교외에 기분 전환하러 가기로 계획했습니다. 저는 걱정이 많이 되었지만, 그녀를 실망시키지 않기 위해 가기로 했습니다. 처음 운전한 그녀는 매우 긴장했습니다. 그녀는 매우 조심스럽게 아주 천천히 운전했습니다. 하지만 며칠 전 눈이 많이 내려 길은 매우 미끄러웠습니다. 차 바퀴가 헛돌자 그녀는 당황해 어쩔 줄 몰랐고 어떻게든 사고를 피하고자 했습니다. 저도 옆에서 마음을 졸였습니다. 하지만 결국 우리는 가로수를 들이받았습니다. 우리는 둘 다 부상으로 입원하여 교외로 가는 것은 수포로 돌아갔습니다. 아내는 풀이 죽어 다시는 운전하지 않기로 했습니다.

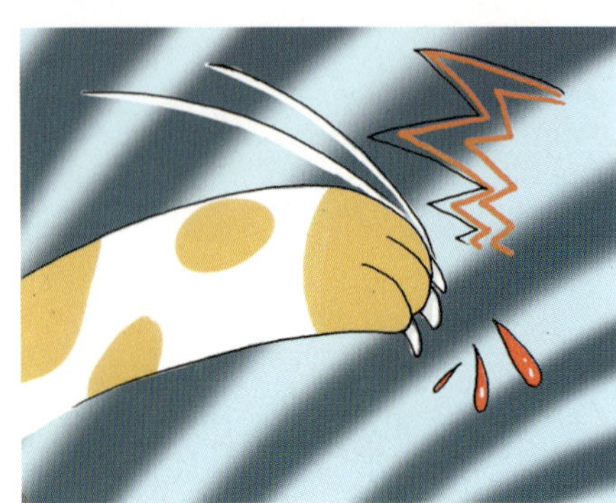

答案1 : 小云下班回家看见家附近有一只小野猫，很可爱，也很可怜。所以小云回家准备了一点食物，拿出来喂了那只小猫。小猫不知道为什么，突然挠了小云。小云又疼又难过，哭着回家了。

어느 날 샤오윈은 퇴근하고 귀가하는 길에 도둑고양이 한 마리를 보았습니다. 아주 귀엽고, 또 불쌍하기도 했습니다. 그래서 그녀는 집에서 먹을거리를 조금 준비하여 고양이에게 주었습니다. 하지만 무슨 영문인지 고양이가 갑자기 샤오윈을 할퀴었습니다. 샤오윈은 아프기도 하고 슬프기도 해서 울면서 집으로 돌아갔습니다.

答案2 : 我的邻居小云是一个心地善良的男孩。每天他回家都能看见一只野猫在家附近徘徊。小云觉得那只小猫很可怜，常常从家里拿一些剩菜剩饭来喂那只猫。但是一天不知道小云什么地方得罪了小猫，也许是饭菜不合小猫的胃口，小猫突然发狂挠了小云。小猫被挠得小云鲜血直流。小云非常的难过，拖着受伤的腿哭着回家了。他想真是好心当成驴肝肺，从那以后小云看见猫就躲得远远的。

저의 이웃 샤오윈은 아주 마음씨가 착한 소년입니다. 매일 귀가하는 길에 도둑고양이가 집 근처에서 배회하는 것을 본 샤오윈은 그 고양이가 너무 불쌍했습니다. 그래서 종종 집에서 남은 음식을 고양이에게 먹였습니다. 그런데 하루는 샤오윈이 무엇을 잘못했는지 음식이 고양이의 입에 안 맞아서 그랬는지, 고양이가 갑자기 사납게 굴며 샤오윈을 할퀴었습니다. 샤오윈은 피를 흘리며 매우 슬퍼하였습니다. 샤오윈은 아픈 다리를 끌고 울면서 집으로 돌아갔습니다. 참으로 호의를 악의로 받아들이는 꼴이었습니다. 그 후부터 샤오윈은 고양이를 보면 멀리 피하게 되었습니다.

答案1 ： 一天小云在商场的橱窗里看到一个漂亮的皮包，但是价钱太贵了，她实在是买不起。从那以后她认真地打工挣钱，最后在商场打折促销的时候买了那个包。

어느 날 샤오원은 백화점의 진열장에 예쁜 가방이 있는 것을 보았습니다. 하지만 너무 비싸서 그것을 살 수가 없었습니다. 그 후부터 그녀는 열심히 아르바이트하며 돈을 모았습니다. 그러다 백화점이 판촉세일을 할 때 그녀는 그 가방을 샀습니다.

答案2 ： 我的朋友小云是一个很朴实的姑娘。有一天她下班回家的路上在商场的橱窗里看到了一个名牌包。她对那个包可以说是一见钟情。但是当她走进商场，看到价签，小云心里咯噔一下。实在是太贵了。但是小云实在是太喜欢这个包。所以她决定努力攒钱买下这个包。从那天起，小云多做了一份工作，还省吃俭用的。终于，在圣诞节商场搞促销活动的时候，小云下了狠心买下了那个包。这是小云送给自己的第一份礼物。她告诉自己以后要更加认真地工作。

저의 친구 샤오원은 아주 소박한 아가씨입니다. 어느 날 그녀는 퇴근길에 백화점의 진열장에 예쁜 명품 가방이 있는 것을 보았습니다. 샤오원은 그 가방을 보고 한눈에 반했습니다. 하지만 그녀가 상점에 들어가 가격표를 보니 너무 비싸서 많이 놀랐습니다. 샤오원은 그 가방을 너무 사고 싶어 열심히 돈을 모아 사기로 결심했습니다. 그날부터 샤오원은 더 많은 일을 하며 아꼈습니다. 마침내 크리스마스 맞이 백화점 판촉행사를 할 때 그녀는 큰 맘을 먹고 그 가방을 샀습니다. 이 가방은 샤오원이 자신에게 주는 첫 선물이었습니다. 그녀는 앞으로 더 열심히 일하겠다고 다짐했습니다.

答案1 : 早晨小明为了上班在等公共汽车的时候，突然下起了雨。小明没有带伞，眼看就要迟到了，小明决定打车上班。但是路上堵得非常厉害。小明本来约好了见客户，因为这糟糕的天气和路况，迟到了。

아침에 샤오밍이 출근하려고 버스를 기다리고 있는데 갑자기 비가 내리기 시작하였습니다. 우산도 없고 늦을 것 같아서 샤오밍은 택시를 타고 출근하기로 하였습니다. 하지만 길이 많이 막혔습니다. 원래 샤오밍은 바이어를 만나기로 했는데 날씨와 도로 상황 때문에 결국 늦고 말았습니다.

答案2 : 今天小明要见一个重要的客户，所以他一大早就起了床，准备好出了门。正在公共汽车站等车的时候，突然下起了雨。小明没有看天气预报，所以没有带伞出门。情急之下，小明决定打车去。但是小明没有想到早高峰加上下雨，路上堵得非常厉害。小明在车上，等也不是，走也不是，急得像热锅上的蚂蚁。小明满头大汗的跑到了约见客户的地方，但是还是迟到了。虽然客户表示理解，但是还是被上司教训了一顿。真是倒霉的一天。

오늘 샤오밍은 아주 중요한 바이어를 만나기로 했습니다. 그래서 그는 아침 일찍 일어나 집을 나섰습니다. 버스 정류장에서 버스를 기다리고 있을 때 갑자기 비가 내리기 시작했습니다. 샤오밍은 일기예보를 보지 않아 우산을 들고 나오지 않았습니다. 샤오밍은 급한 마음에 택시를 타고 가기로 결심했습니다. 하지만 아침 출근길에 비까지 겹쳐 길이 많이 막혔습니다. 택시에서 샤오밍은 기다릴 수도 없고 내릴 수도 없어서 많이 초조해 하였습니다. 샤오밍은 땀을 뻘뻘 흘리며 약속 장소로 뛰어갔지만 결국 늦고 말았습니다. 바이어는 이해할 수 있다고 했지만, 상사에게 한소리 들었습니다. 정말 재수 없는 하루였습니다.

答案1 : 小云拿到了奖学金，非常的高兴。他决定这个假期去中国旅行。刚一到中国小云的钱包就被偷了。小云没有办法只能回国了。

장학금을 받게 된 샤오윈은 매우 기뻐하며 방학때 중국으로 여행을 떠날 계획을 세웠습니다. 하지만 중국에 도착하자마자 소매치기를 당해 지갑을 잃어버렸습니다. 샤오윈은 어쩔 수 없이 귀국했습니다.

答案2 : 我的朋友小云经过一个学期的努力奋斗，终于拿到了奖学金。小云非常开心，决定这个假期去中国旅行。这是她梦寐以求的旅行。来到中国后小云非常的兴奋，觉得什么都很新鲜。他光顾着玩儿没有注意他的随身物品，钱包被小偷偷了。小云急得直跺脚，但是没有办法，只能灰头土脸地回国了。小云本来想好好地享受这个假期，但是一切都泡汤了。

저의 친구 샤오윈은 한 학기 동안 열심히 공부해서 드디어 장학금을 받았습니다. 샤오윈은 매우 기뻐하며 이번 방학에 중국으로 여행을 가기로 했습니다. 이것은 샤오윈이 간절히 바라던 여행이었습니다. 중국에 도착한 샤오윈은 매우 신이 났고 모든 것이 신기하게 느껴졌습니다. 그는 노는 것에 정신이 팔려 개인 소지품을 주의하지 않다가 지갑을 도난당하고 말았습니다. 샤오윈은 애가 달아 발을 동동 굴렀지만 결국 낙담하여 귀국할 수밖에 없었습니다. 샤오윈은 원래 이번 방학을 잘 즐기고 싶었는데 모든 것이 물거품이 되었습니다.

答案1 ： 今天一个出国留学很久的朋友回国来度假。我们很久没见了，我决定请他吃点家乡的饭菜。我们吃得很开心，但是结账的时候我发现钱包落在家里没有带。最后没有办法只好让朋友请我吃饭了。

오늘 오랫동안 유학을 떠났던 친구가 휴가를 보내러 귀국했습니다. 우리는 아주 오랫동안 만나지 않았습니다. 저는 그에게 고향음식을 대접해 주기로 결정했습니다. 우리는 아주 즐거운 시간을 보냈습니다. 하지만 계산할 때 저는 지갑을 집에 놓고 나왔다는 것을 알았습니다. 결국, 어쩔 수 없이 친구가 계산하였습니다.

答案2 ： 今天出国留学很长时间的发小回国了，我向公司请了假，去机场接了他。朋友很长时间没有吃到家乡菜，所以我决定请朋友大吃一顿。我们找了一家有名的馆子，点了满满一桌朋友喜欢吃的菜。我们很长时间没有见了，真是有聊不完的话。酒足饭饱以后，结账的时候发现，我没带钱包出来。没有办法，朋友结了帐。太尴尬了，还好是认识了十多年的好朋友，不然太没面子了。我真是要改一改我这丢三落四的坏毛病，不然早晚要吃大亏。

오늘 장기간 유학을 떠난 어린 시절의 친구가 오랜만에 귀국하였습니다. 저는 회사에 휴가를 내고 공항에 마중 나갔습니다. 친구가 오랫동안 고향 음식을 먹지 못했기 때문에 저는 고향음식을 대접하기로 결심하였습니다. 우리는 유명한 맛집에 가서 친구가 좋아하는 음식을 상다리가 부러질 정도로 시켰습니다. 너무 오랜만에 만나서인지 이야기가 끊이지 않았습니다. 만족스럽게 식사를 마치고 계산할 때 저는 지갑을 들고 나오지 않았다는 것을 알았습니다. 어쩔 수 없이 친구가 계산을 했습니다. 참으로 난감했습니다. 그래도 십 년 넘게 알고 지낸 친구라 다행이지, 아니었으면 너무 창피할 뻔했습니다. 정말 이런 덜렁대는 나쁜 버릇을 고쳐야겠습니다. 아니면 언젠가는 큰 손해를 볼 것입니다.

答案1 : 小明很长时间没有洗车了，车真是很脏。今天休息，小明决定好好洗洗车。洗过之后，小明真是感到很满意。但是很不巧，突然下起了雨，小明一天的辛苦都白费了。

샤오밍은 오랫동안 세차를 하지 않아 차가 많이 더러워졌습니다. 오늘 마침 쉬는 날이라 샤오밍은 세차를 하기로 결심했습니다. 세차를 마친 뒤 샤오밍은 큰 만족감을 느꼈습니다. 하지만 공교롭게도 갑자기 비가 내렸습니다. 샤오밍은 하루 종일 헛수고를 한 것이었습니다.

答案2 : 小明是一个爱车族，他很注意保养自己的车。但是由于这段时间的工作太忙了，小明实在是没有时间洗车，他新买的车非常的脏了。好不容易等到了一个假期，小明决定好好的洗洗自己的车。忙了一上午，小明终于洗好了车。看到亮晶晶的车，小明非常高兴。但是他没有看天气预报，没有想到突然乌云密布，下起了雨。小明一天的努力都白费了。

샤오밍은 자동차에 관심이 아주 많습니다. 그래서 그는 평소에 자신의 차를 많이 아꼈습니다. 하지만 최근에는 회사 일이 너무 많아 도저히 세차할 시간이 없었습니다. 그래서 그가 새로 구입한 차가 많이 더러워졌습니다. 간신히 돌아온 휴일을 맞아 샤오밍은 자기의 차를 깨끗이 닦기로 결심하였습니다. 오전 내내 수고한 끝에 그는 드디어 세차를 끝냈습니다. 반짝이는 자동차를 본 샤오밍은 매우 기뻐했습니다. 하지만 일기예보를 보지 않아 갑자기 먹구름이 몰려와 비가 내릴 것이라고는 예상하지 못했습니다. 샤오밍은 하루 종일 헛수고를 한 것이었습니다.

答案1 : 弟弟牵着狗出去散步了。在路上弟弟遇到了同班的女同学，就开始跟她聊了起来。弟弟没有注意到，小狗自己跑走了。弟弟发现小狗没了，到处哭着找狗。但是回家后发现小狗已经自己回家了。

동생이 개를 데리고 산책하러 나갔습니다. 산책길에 동생은 반 친구를 만나게 되어 그녀와 수다를 떨기 시작하였습니다. 동생은 미처 개에게 주의를 기울이지 못했고, 개는 홀로 가버렸습니다. 개가 사라진 것을 알고 동생은 울면서 개를 찾아다녔습니다. 집으로 돌아온 후 동생은 개가 혼자 이미 집으로 돌아왔다는 것을 알았습니다.

答案2 : 我们家养了一只小狗，非常的聪明伶俐。妈妈负责狗的饮食起居，我负责给狗洗澡，弟弟负责遛狗，我们各有分工。晚上弟弟牵着狗出去散步了，但是在路上弟弟遇到了暗恋已久的幼儿园小朋友。弟弟非常高兴，光顾着跟这个朋友聊天，没有注意到小狗自己走掉了。发现小狗没了，弟弟很着急，哭着在小区里找了半天。找到很晚弟弟回家后发现，小狗已经回家了。原来是因为小狗太无聊自己回了家。这件事以后，我们不再相信弟弟，由我来负责遛狗，而弟弟负责收拾狗的粪便。

우리 집은 개를 한 마리 기르고 있었습니다. 그 개는 아주 똑똑하고 영리했습니다. 어머니는 개의 먹이 등 뒤치다꺼리를, 저는 목욕을, 동생은 산책을 각각 분담하여 맡았습니다. 저녁에 동생이 개를 끌고 산책하러 나갔습니다. 동생은 산책길에 오랫동안 짝사랑을 한 유치원 친구를 만나게 되었습니다. 동생은 매우 기뻐, 그 친구와 수다 떠는 데 정신이 팔려 개가 혼자 가버린 것을 알아채지 못하였습니다. 개가 없어진 것을 발견한 동생은 조급한 마음에 울면서 아파트 단지내를 개를 찾아 헤맸습니다. 늦은 밤까지 개를 찾다가 집으로 돌아와 보니 개는 이미 집에 돌아와 있었습니다. 알고 보니 개가 너무 심심해서 집으로 혼자 돌아온 것이었습니다. 이 사건이 있었던 후 우리는 더는 동생을 믿지 못해 제가 산책을 책임지고 동생은 개똥 치우는 것을 책임지기로 했습니다.

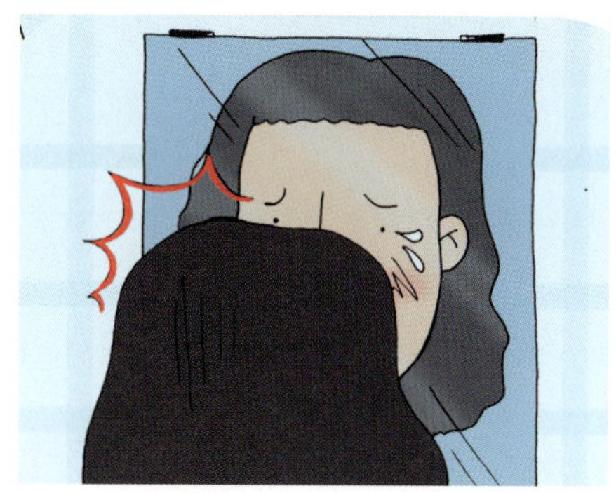

答案1 ： 小云发现自己的刘海儿长了，应该修剪了。她的老公说周末陪他一起去理发店剪一剪。但是小云觉得自己就可以弄好，于是拿着剪刀自己剪了剪。结果，她剪得太短了。

샤오윈은 자기의 앞머리가 너무 길어서 잘라야겠다고 생각했습니다. 그녀의 남편은 주말에 같이 미용실에 가자고 했지만 샤오윈은 자기가 직접 자를 수 있다고 생각해 가위를 들고 자르기 시작했습니다. 결국, 너무 짧게 자르고 말았습니다.

答案2 ： 我的妹妹小云过日子非常的仔细，凡是能省则省。有一天她照镜子，发现自己的刘海儿长了应该修一修了。他的老公说这个周末正好有时间可以陪她去家附近的理发店剪一剪。但是我的妹妹小云觉得为了剪刘海儿去一趟理发店很浪费，可以自己修剪。于是她拿起了剪刀自己开始给自己剪刘海儿。可惜她不是专业的理发师，一个不小心，把刘海儿剪得太短了。没办法只好等刘海儿长一点以后再去理发店了。

내 동생 샤오윈은 아주 꼼꼼한 살림꾼으로 절약할 수 있는 모든 것을 절약합니다. 어느 날 그녀는 거울을 보다 자기의 앞머리가 많이 길어 자를 때가 되었다는 사실을 알게 되었습니다. 그녀의 남편은 주말에 마침 시간이 되니 같이 미용실에 가서 자르자고 하였습니다. 하지만 동생은 앞머리 자르러 미용실에 가는 것이 낭비라고 생각하여 혼자 자를 수 있다고 했습니다. 그래서 그녀는 가위로 직접 앞머리를 자르기 시작하였습니다. 하지만 동생은 전문 미용사가 아니라 너무 짧게 자르고 말았습니다. 그녀는 어쩔 수 없이 앞머리가 자랄 때까지 기다렸다 미용실에 가는 수밖에 없었습니다.

答案1： 妈妈不记得把自己的化妆品放到了饭桌上，到处找。还不太懂事的小弟弟，看到饭桌上的化妆品瓶子很漂亮。他以为是什么好吃的，开始吃了起来。妈妈看到弟弟正在吃化妆品吓了一跳。

어머니는 화장품을 식탁 위에 놔두었다는 사실을 깜빡하고 여기저기 화장품을 찾고 있었습니다. 아직 철이 안든 동생이 식탁 위의 화장품 병이 아주 예쁜 것을 보고 맛있는 음식인 줄 알고 먹기 시작하였습니다. 어머니는 화장품을 먹고 있는 동생을 보고 깜짝 놀랐습니다.

答案2： 我的妈妈是一个丢三落四的人，常常忘记把东西放在了哪里，天天在找东西。一天晚上，妈妈洗过脸之后找不到了每天用的晚霜，肯定又是用过之后随手放在了什么地方没有及时收起来。在妈妈忙着找东西的时候，弟弟发现饭桌上有一个漂亮的瓶子，看起来像是什么好吃的东西，于是他打开的盖子，闻了闻味道也很香，于是他用手指沾了一点晚霜放到了嘴里。这一幕刚好被妈妈看到，下了一跳，还好弟弟吃得不多，不太严重。

저의 어머니는 건망증이 심한 분이라 늘 물건을 어디에 놓았는지를 잊어버려 찾으시곤 합니다. 하루는 저녁에 어머니가 세수를 한 후 매일 사용하는 나이트 크림을 찾지 못하셨습니다. 또 쓰시고 어디에 놓아두고 깜박하셨나 봅니다. 어머니가 크림을 찾고 있을 때 동생이 식탁 위에 예쁜 병이 있는 것을 보았습니다. 보아하니 맛있는 먹거리 같아서 열어서 냄새를 맡아 보니 향도 너무 좋았습니다. 동생은 손가락으로 찍어서 크림을 입에 넣었습니다. 이것을 본 어머니는 깜짝 놀랐습니다. 하지만 다행히 동생은 많이 먹지 않았습니다.

答案1 ： 弟弟挑食的现象非常的严重，有很多不吃的东西。学校检查身体时，他的身高比同班同学矮了很多。从此之后弟弟连大辣椒也开始吃了。后来弟弟长高了不少。

동생은 편식이 심해서 안 먹는 것들이 매우 많습니다. 학교에서 신체검사를 할 때 동생의 키는 같은 반 친구들보다 매우 작게 나왔습니다. 그 후부터 동생은 피망도 먹기 시작하였고, 나중에 동생의 키는 많이 컸습니다.

答案2 ： 弟弟有很多不喜欢吃的东西，特别是蔬菜。妈妈常常跟弟弟说："挑食不会长个"。但是弟弟根本就不听话。有一天弟弟非常难过地回家。原来学校检查身体，他是全班最矮的。这给弟弟带来了很大的冲击。从此之后他不再挑食，什么都吃，还坚持运动。后来他真的长高了不少。我们都很高兴，他也很满意。

동생은 싫어하는 음식이 아주 많았습니다. 특히 채소류를 싫어하는 편입니다. 엄마는 늘 동생한테 '편식하면 키가 안 큰다'고 말했지만, 동생은 전혀 말을 듣지 않았습니다. 하루는 동생이 아주 속상해하며 집으로 돌아왔습니다. 알고 보니 학교에서 신체검사를 했는데 동생이 반에서 키가 제일 작았던 것입니다. 이것은 동생에게 큰 충격이었습니다. 그 후부터 그는 더는 음식을 가리지 않았으며, 매일 운동을 했습니다. 그 후 동생은 정말 키가 많이 커서, 우리는 모두 기뻐했고, 동생도 매우 만족했습니다.

答案1 ：兔子和乌龟比赛跑步。乌龟跑得很慢，而兔子跑得非常快。兔子觉得乌龟太慢了，在旁边的树荫下睡了一觉。结果乌龟比兔子先到达了终点。

토끼와 거북이가 달리기경기를 했습니다. 거북이는 아주 느리게 달렸지만, 토끼의 속도는 아주 빨랐습니다. 토끼는 거북이가 너무 느리다고 생각하고, 그늘 밑에서 한숨 잤습니다. 그 결과 거북이가 토끼보다 먼저 결승점에 도착했습니다.

答案2 ：有一天兔子和乌龟决定比赛看看谁跑得更快。起跑的枪声响起以后，他们都向前快速跑了起开。兔子跑得很快，但是乌龟虽然很努力却跑得很慢。兔子看到乌龟跑得很慢，觉得自己赢定了。于是它决定在树荫下休息一会儿等等乌龟。可是兔子不小心睡着了。等兔子睁开眼睛的时候，乌龟已经到达终点了。兔子输了。

하루는 토끼와 거북이가 달리기 시합을 해서 누가 더 빠른지 알아보기로 했습니다. 경기가 시작하는 총소리가 울린 후 토끼와 거북이는 모두 빠르게 달리기 시작하였습니다. 토끼는 아주 빨리 달렸고 거북이는 매우 열심히 달렸지만 아주 느렸습니다. 토끼는 거북이가 느리게 달리는 것을 보고 자기가 분명 이길 것이라고 확신했습니다. 그래서 토끼는 나무 그늘 밑에서 조금 쉬면서 거북이를 기다리기로 했습니다. 그러다 토끼는 부주의해서 잠이 들고 말았습니다. 토끼가 눈을 떠보니 거북이가 이미 결승점에 도착해 있었습니다. 토끼가 졌습니다.

答案1 : 爸爸和儿子正在钓鱼，他们又抓到了很多鱼。所以收拾东西打算回家给妈妈看看。妈妈出来迎接他们两个很高兴，但是看到他们抓来的鱼以后很失望。原来家里有很多他们以前抓来的鱼还没有吃完。

아빠와 아들이 낚시하고 있었습니다. 그들은 물고기를 많이 잡았습니다. 그래서 짐을 정리하고 집으로 돌아가 엄마한테 자랑하려고 했습니다. 엄마가 마중 나와 두 사람은 매우 기뻐했습니다. 하지만 엄마는 그들이 잡아 온 물고기를 보고 매우 실망했습니다. 알고 보니 집에는 예전에 잡아 온 물고기가 아직 많이 있었습니다.

答案2 : 我和我的儿子都非常的喜欢钓鱼。一有时间，我们就会去海边钓鱼。这个周末我们又来到海边钓鱼。今天也不例外，我们都抓到了又大又多的鱼。我们都很开心，打算回家给妈妈炫耀一下。我们一路非常开心地回家。快到家的时候，我们看见妈妈出来迎我们。见到妈妈我们兴奋地把我们今天的收获展示给妈妈看，但是妈妈并不高兴，只是叹了一口气。我们问她为什么？她说上次，我们钓的鱼还没有吃完，冰箱里还有很多我们钓的鱼。

저와 저의 아들은 모두 낚시하는 것을 매우 좋아합니다. 저희 둘은 시간만 나면 바닷가로 낚시하러 갑니다. 이번 주말에 저희 둘은 또 바닷가에 낚시하러 왔습니다. 오늘도 예외 없이 큰 물고기를 많이 잡았습니다. 저희는 매우 기뻤습니다. 그래서 집으로 돌아가 엄마에게 자랑하기로 했습니다. 귀갓길에 저희는 매우 즐거웠습니다. 곧 집에 도착하려고 하는데 엄마가 마중 나온 것을 보았습니다. 엄마를 본 저희는 흥분해서 오늘 거둔 성과를 엄마한테 자랑했습니다. 하지만 엄마는 기뻐하지 않고 한숨을 내쉴 뿐이었습니다. 왜냐고 물어보니, 엄마가 지난번에 잡은 물고기도 아직 다 못 먹어서 냉장고에 물고기가 너무 많다고 하소연했습니다.

答案1 : 小明回家的路上，看到一位老奶奶拎着一个很重的包，辛苦地走着。小明决定帮助奶奶拎东西。小明和老奶奶来到奶奶家里，小明看到奶奶的家很乱，于是帮她收拾了屋子，晚才回家。

샤오밍이 귀가하는 길에 한 할머니가 매우 무거운 가방을 들고 힘들게 걷고 계신 것을 보았습니다. 샤오밍은 할머니를 도와드리기로 결심했습니다. 샤오밍과 할머니가 같이 할머니 집으로 와보니 정리정돈이 안 된 상황이었습니다. 그래서 샤오밍은 할머니를 도와 집을 청소하고 매우 늦게 귀가했습니다.

答案2 : 我的同事小明是一个非常热心的人，他常常帮助有困难的人。一天他回家的路上，看到一个老奶奶很吃力地拎着一个很重的包。小明决定帮助奶奶拎包。他帮奶奶来到奶奶家后，看到奶奶家里乱七八糟的，他实在是没有办法不管不顾地走。于是他留下来帮助老奶奶收拾了屋子，修理坏的东西。弄到了很晚小明才筋疲力尽地回家了。

저의 직장동료 샤오밍은 마음씨가 매우 착한 사람입니다. 그는 늘 어려움에 처한 사람을 도와줍니다. 하루는 귀갓길에 한 할머니가 힘들게 무거운 가방을 들고 있는 것을 보았습니다. 그는 할머니를 도와주기로 결심하고 할머니 집까지 같이 갔습니다. 할머니 집이 엉망진창 모습을 보고 그냥 갈 수가 없었습니다. 그래서 그는 늦게까지 할머니를 도와 고장난 가전도 수리하고 집 청소도 하였습니다. 그리고 매우 피곤한 몸으로 귀가했습니다.

04 TSC 모의고사

汉语口语 · 能力考试 · 模拟考试

本次考试是汉语口语能力考试。
通过本考试可以测试你听到问题以后，能否使用恰当的汉语来回答的能力。请完整详细地回答所有问题。请不要只用单词，尽量用完整的句子来回答。请听到提示音后开始回答。回答得越详细，得分将会越高。未作任何回答的话，将不会得到分数。如果不能理解问题的内容，请回答"我不知道"。

自我介绍（4题）

在这部分考试中，您将听到四个简单的问句。请听到提示音之后开始回答。
每道题的回答时间是10秒。下面开始提问。

01 你叫什么名字？

提示音 ＿＿＿＿＿＿＿＿（10秒）＿＿＿＿＿＿＿＿ 结束。

02 请说出你的出生年月日。

提示音 ＿＿＿＿＿＿＿＿（10秒）＿＿＿＿＿＿＿＿ 结束。

03 你家有几口人？

提示音 ＿＿＿＿＿＿＿＿（10秒）＿＿＿＿＿＿＿＿ 结束。

04 你在什么地方哪个部门工作？

提示音 ＿＿＿＿＿＿＿＿（10秒）＿＿＿＿＿＿＿＿ 结束。

看图回答 (4题)

在这部分考试中，你将看到提示图，请看图回答下列问题。请听到提示音之后，
准确地回答出来。每道题的回答时间是 6秒。下面开始提问。

01

(3秒) 提示音　　　　　　(6秒)　　　　　　结束。

(3秒) 提示音 ________(6秒)________ 结束。

(3秒) 提示音 _______________ (6秒) _______________ 结束。

（3秒）提示音 ________________（6秒）________________ 结束。

第三部分

快速回答(5题)

在这部分考试中，你需要完成五段简单的对话。这些对话出自不同的日常生活情景，在每段对话前，你将看到提示图。请尽量用完整的句子来回答，句子的长短和用词将影响你的分数。请听例句。

例子

问题 ： 老张在吗？

回答1 ： 不在。

回答2 ： 他现在不在，您有什么事儿吗？要给他留言吗？

两种回答都可以，但第二种回答更完整更详细，你将得到较高的分数。请听到提示音之后开始回答问题。每道题的回答时间是15秒。下面开始提问。

(2秒) 提示音 _______________ (15秒) _______________ 结束。

（2秒）提示音＿＿＿＿＿＿＿＿（15秒）＿＿＿＿＿＿＿＿结束。

(2秒) 提示音 ________________ (15秒) ________________ 结束。

（2秒）提示音 ________________（15秒）________________ 结束。

(3秒)提示音 ________________(6秒)________________ 结束。

第四部分

简短回答(5题)

在这部分考试中，你将听到五个问题。请尽量用完整的句子来回答，句子的长短和用词将影响你的分数。请听例句。

例子

问题 ： 周末你常常做什么？

回答1 ： 看电影。

回答2 ： 我有时候在家看电视，有时候和朋友一起见面，聊天、看电影什么的。

两种回答都可以，但第二种回答更完整更详细，你将得到较高的分数。请听到提示音之后开始回答问题。每道题请你用15秒思考，回答时间是25秒。

下面开始提问。

01

(15秒)提示音 　　　　　　(25秒)　　　　　　结束。

(15秒)提示音 _______________ (25秒) _______________ 结束。

(15秒)提示音 _______________ (25秒) _______________ 结束。

(15秒)提示音 ________________ (25秒) ________________ 结束。

(15秒)提示音 ________________ (25秒) ________________ 结束。

第五部分

拓展回答（4题）

在这部分考试中，你将听到四个问题。请发表你的观点和看法。请尽量用完整的
句子来回答，句子的长短和用词将影响你的分数。请听例句。

例子　问题：**你怎么看待减肥？**

回答1：我觉得减肥不太好。

回答2：我认为减肥是件好事儿，不但可以使身体更健康，
　　　　而且还能让自己看起来更漂亮，减肥还要注意选择适当的办法，
　　　　比如通过适当的运动和调整饮食来达到减肥的目的。

两种回答都可以，但第二种回答更完整更详细，你将得到较高的分数。请听到提
示音之后开始回答问题。每道题请你用30秒思考，回答时间是50秒。
下面开始提问。

在这部分考试中，你将看到提示图，同时还将听到中文的情景叙述。假设你处于这种情况之下，你将如何应对。请尽量用完整的句子来回答，句子的长短和用词将影响你的分数。请听到提示音之后开始回答问题。每道题请你用30秒思考，回答时间是40秒。下面开始提问。

01

(30秒) 提示音 ＿＿＿＿＿＿＿＿ (40秒) ＿＿＿＿＿＿＿＿ 结束。

(30秒) 提示音 _________ (40秒) _________ 结束。

(30秒) 提示音 _______________ (40秒) _______________ 结束。

第七部分

看图说话（1题）

在这部分考试中，你将看到四幅连续的图片。请你根据图片的内容讲述一个完整的故事。请认真看下列四幅图片。(30秒)

01 

02 

03 

04 

现在请根据图片的内容讲述故事，请尽量完整、详细。讲述时间是90秒。

请听到提示音之后开始回答。

(2秒)提示音　　　　　　　　　　(90秒)　　　　　　　　　　结束。

考试结束

最后，如果您对我们的考试有什么感想的话，请说出来。

请听到提示音之后开始发言。

发言时间是30秒。

(2秒)提示音 ________(30秒)________ 结束。

谢谢您参加我们的考试！

05 모의 고사 모범답안

2부분

1. 问：中关村怎么走？ 중관춘으로 가려면 어떻게 가야 하나요?

   答：坐452路公共汽车，坐三站，然后换乘3号地铁，再坐7站，就是中关村。
   먼저 452번 버스를 타고 3정거장 지난 후 지하철 3호선으로 갈아타 다시 7정거장을 가면 중관춘에 도착합니다.

2. 问：他在干什么？ 그는 무엇을 하고 있나요?

   答：他正在向女朋友求婚。 그는 지금 프러포즈를 하고 있습니다.

3. 问：他要去几楼？ 그는 몇 층으로 갑니까?

   答：他要去二十三楼。 그는 이십삼층에 갈 것입니다.

4. 问：他是哪国人？ 그는 어느 나라 사람입니까?

   答：他是日本人。 그는 일본 사람입니다.

3부분

1. 问：我们毕业旅行去桂林怎么样？ 우리 졸업여행 구이린으로 가는 게 어때?

   答：1)太好了，我早就想去桂林看看了。咱们真是想到一起去了。
   　　좋지, 나 오래전부터 구이린에 가보고 싶었어. 우리 마음이 잘 통하네.

   　　2)桂林是不是有点儿远，如果太远我父母可能不会同意。
   　　구이린은 조금 멀지 않니? 너무 멀면, 부모님께서 반대하실 것 같아.

   　　3)我也很想去桂林看看，但是我们没有足够的旅游经费，可能去不了那么远的地方。
   　　나도 구이린 가고 싶었는데, 여행 경비가 부족해서 그렇게 먼 곳은 못 갈 것 같아.

2. 问：这是我的请柬，你一定要来参加啊！
   이건 내 청첩장이야, 꼭 와야 해!

   答：1)呀，恭喜你啊，你和你的老公可真般配，我一定去参加。
   　　아! 축하해, 너와 네 남편 정말 잘 어울린다. 꼭 갈게.

   　　2)哎呀，你都要结婚了，真是太羡慕你了，我什么时候能结婚啊？
   　　야, 너 결혼하는구나. 정말 부럽다. 나는 언제 결혼할 수 있을까?

   　　3)太恭喜你了，祝你和你们百年好合，早生贵子啊。
   　　정말 축하해, 백년해로하길 바래. 아이도 빨리 가졌으면 좋겠어.

3. 问：你想要点儿什么？
   필요한 거 있으세요?

答：1) 啊！我只是随便看看，如果有什么需要，我会跟你说的。谢谢你！
애! 그냥 좀 보려고요. 필요한 거 있으면 얘기할게요. 고마워요!

2) 我想给我3岁的侄女买一套儿童服，但是不知道什么样的尺码比较合适，你帮我介绍介绍吧。
3살 되는 조카한테 옷 한 벌을 선물해 주고 싶은데 어떤 치수가 맞을지 모르겠어요. 소개 좀 해 주실 수 있어요?

4. 问：这个周末你有时间吗？ 주말에 시간 있어?

答：1) 有啊。你有什么好计划？ 있지, 무슨 좋은 계획 있어?

2) 对不起，最近是新学期刚开学的阶段，我比较忙，没有时间。
미안해, 지금은 학기 초라 조금 바빠서 시간이 없을 것 같아.

3) 下周一我要交一份报告，周末可能要加班，我恐怕没有时间。
다음 주 월요일에 내야 할 보고서가 있어서, 주말에 야근해야 할 것 같아. 시간이 없을 것 같네.

5. 问：你想买车吗？ 너 차 사려고?

答：1) 不是，我哪有钱啊？我是一个汽车发烧友，几乎每个月都会买汽车杂志来看。
아니, 내가 돈이 어디 있어? 난 자동차광이라, 거의 매달 자동차 잡지를 사서 봐.

2) 是啊！我看现在的汽车也不太贵，想买一辆，也升级为有车一族。你有什么好的建议吗？
응! 보아하니 지금 자동차 별로 비싸지 않던데, 한 대 사서 차 있는 무리에 껴 보려고. 무슨 좋은 의견 있어?

3) 不是我要买，是我的妹妹想买一辆小排量的车自己开，让我帮忙参谋参谋，给点儿建议。
내가 사려는 것이 아니라 내 여동생이 배기량 적은 차를 한 대 사려고 해. 그래서 의견을 좀 말해 달라고 하길래.

4부분

1. 你会开车吗？你什么时候考的驾照？ 당신은 운전할 줄 아십니까? 언제 운전면허증을 취득하셨습니까?

答：1) 我是一个学生，所以我还不会开车。但是我打算在大学毕业之前考到驾驶执照。
因为开车不但可以使生活变得更方便，而且对找工作也会有一定的帮助。
저는 아직 학생이라 운전할 줄 모릅니다. 하지만 대학 졸업하기 전까지 운전면허를 딸 계획입니다.
운전하면 생활이 편해질 뿐만 아니라 취업에도 조금 도움이 될 수 있기 때문입니다.

2) 我参加工作以后，因为工作需要所以考了驾照。自从考了驾照，跑业务的时候方便了很多，
因此业绩也提高了不少。所以我建议年轻人还是在毕业之前考到驾照。
저는 직장생활을 시작한 이후 업무상의 필요로 운전면허증을 취득했습니다. 면허증 취득 후 일할 때 많이 편해졌을 뿐만
아니라 실적도 크게 좋아졌습니다. 그래서 저는 젊은 친구들이 졸업하기 전에 운전면허증을 취득하는 게 좋다고 생각합니다.

3) 我还不会开车，因为我实在不太会摆弄机器，所以很害怕开车。虽然很多次想要挑战自己，
但都没能成功。不过我一定会再接再厉的。
저는 운전할 줄 모릅니다. 저는 기계치라 운전하는 것이 너무 무섭습니다. 여러 번 자신에게 도전하려고 했지만 모두
성공하지 못했습니다. 하지만 전 계속해서 노력할 것입니다.

2. 你不开心的时候会做什么呢？ 당신은 기분이 나쁠 때 무엇을 합니까?

答：1) 我不开心的时候常常会一个人喝闷酒，虽然这不是什么好的排忧方式，但是喝了酒后，
大睡一觉便会好很多，所以一直没能改掉这个坏毛病。
저는 기분이 나쁠 때 늘 혼자서 술을 마십니다. 비록 이것은 우울감을 없애기 좋은 방법은 아니지만,
술을 마신 뒤 한숨 자고 일어나면 한결 나아지기 때문에 이런 나쁜 습관을 고치지 못하고 있습니다.

2) 我是一个用购物来排除烦恼的人。但是我不会买很贵的东西，都是一些小玩意，
花的钱不多，还可以调节一下生活情趣。我觉得是一个不错的方法。

저는 쇼핑으로 힘든 감정을 없앱니다. 하지만 저는 비싼 물건이 아닌 소소한 것들을 사곤 합니다.
돈이 많이 들지 않으면서도 일상에서 기분 전환을 할 수 있는 좋은 방법이라고 생각합니다.

3. 你一个人去看过电影吗？你觉得怎么样呢？ 당신은 혼자 영화보러 간 경험이 있습니까? 어떻습니까?

答：1) 我常常一个人去看电影。我觉得自己看电影很自在，可以看自己喜欢的电影。
所以我觉得一个人看电影是一个不错的选择。

저는 혼자 영화 보러 자주 갑니다. 혼자 영화를 보면 아주 편하고 제가 보고 싶은 영화를 볼 수 있습니다.
때문에 영화를 혼자 보는 것은 좋은 선택이라고 생각합니다.

2) 我从来不一个人看电影，因为一个人看完电影以后，虽然有了很多感触但是没有朋友可以分
享，我觉得是一个非常难过的事。所以，我不喜欢一个人看电影。

저는 혼자서 영화를 본 적이 없습니다. 혼자 영화를 보고 나서 느낀 바가 많아도 서로 나눌 수 있는 친구가 없으면,
매우 괴로울 것 같습니다. 그래서 저는 혼자 영화 보는 것을 좋아하지 않습니다.

4. 你是一个性格内向型的人还是外向型的人？ 당신은 내성적인 사람입니까? 아니면 외향적인 사람입니까?

答：1) 我觉得我是一个性格比较内向的人，在第一次见到的人面前我会很拘谨，
但是和我的好朋友在一起的时候会变得很活泼。可能是因为认识的时间比较长了，
已经很了解对方了，所以没有什么不好意思的。

저는 비교적 내성적인 사람이라고 생각합니다. 처음 만난 사람 앞에서는 많이 어색해합니다.
하지만 친한 친구들과 함께 있을 때면 매우 활발해집니다. 아마도 오랫동안 알고 지낸 사이라 서로 잘 알아서 부끄럽지
않기 때문일 것입니다.

2) 我是一个性格外向的人，我能和陌生人很自然地交谈，也很喜欢交朋友。
在集体生活中我也一直表现得很活跃。我很喜欢我自己这样的性格。

저는 외향적인 사람입니다. 저는 모르는 사람과도 자연스럽게 대화를 할 수 있고 친구를 사귀는 것도 좋아합니다.
또 단체 생활에서도 늘 활발했습니다. 저는 저의 이런 성격이 아주 좋습니다.

5. 你的座右铭是什么？ 당신의 좌우명은 무엇입니까?

答：1) 我的座右铭是"己所不欲勿施于人"，我认为只有学会关怀他人，才能得到他人的尊重。
所以遇到什么问题换位思考一下，看看如果是自己能不能接受。
这样的话一定能够更多的理解他人，同时也能得到更多人的理解。

제 좌우명은 '자기가 하기 싫은 것은 남에게도 권하지 말라'입니다. 먼저 다른 사람을 배려할 줄 알아야만 타인의 존중을
받을 수 있다고 생각합니다. 때문에 어떤 일에 봉착했을 때 입장을 바꿔 자기 자신이라면 받아들일 수 있는지
생각해 본다면, 다른 사람을 더 잘 이해할 수 있을 것이고 또 더 많이 이해를 받을 것입니다.

2) 我的座右铭是"勤能扑捉"。我认为一个人能否成功是靠百分之一的天赋和九十九的努力。
不论多聪明如果不努力也不会有成就，但是虽然比别人学得慢一点，
但是只要投入更多的时间和经历去努力的话，一定可以成功。

저의 좌우명은 '부지런함으로 재능이 부족함을 보완할 수 있다.'입니다. 성공은 99%의 노력과 1%의 재능으로 이루어지는
것이라고 생각합니다. 아무리 총명하다 한들 노력하지 않는다면 아무런 성과도 거둘 수 없을 것입니다. 다른 사람에
비해 배우는 속도가 조금 느릴지라도 더 많은 시간과 노력을 투자한다면 반드시 성공할 수 있다고 생각합니다.

1. 现在韩国越来越开放，涉外婚姻也越来越多，你觉得和外国人结婚怎么样呢？

지금 한국은 점점 더 개방되어 가고 있고, 국제결혼도 많아지고 있습니다. 당신은 국제결혼에 대해 어떻게 생각하십니까？

答：1）我觉得结婚最重要的是感情，跟国籍没有太大的关系。只要两个人心意相通跟外国人结婚也没有什么太大的问题。特别是我的身边有和外国人家结婚的朋友，他们生活得很幸福。所以我认为国籍不应该成为能否结婚的一个标准。

저는 결혼에 있어서 가장 중요한 부분은 감정이지, 국적과는 큰 관계가 없다고 생각합니다. 서로 마음이 통한다면 외국인과 결혼해도 문제가 없을 것입니다. 저의 주변에도 외국인과 결혼한 친구가 있습니다. 그들 부부는 아주 행복하게 살고 있습니다. 그렇기 때문에 국적은 결코 결혼 여부의 기준이 될 수 없다고 생각합니다.

2）我认为选择涉外婚姻要慎重。因为和外国人不论从语言到生活习惯，可能会有很多的矛盾，如果因为小的摩擦总是争吵可能会影响夫妻感情，最终导致婚姻破裂。

저는 국제결혼에 대해 신중해야 한다고 생각합니다. 외국인과 언어부터 생활습관까지 많은 차이가 있을 것입니다. 만약 사소한 갈등 때문에 자주 싸운다면 부부 사이에 영향을 줄 것이며 결국 이혼까지 할 수 있을 것입니다.

2. 现在留学出现低龄化趋势，你怎么看待这一问题呢？

최근 유학은 조기에 가는 추세입니다. 당신은 이 문제를 어떻게 생각합니까？

答：1）我认为如果家庭条件允许从小的时候开始去留学是一个不错的选择。因为生活在现在这样国际化的社会外语能力变得非常的重要，而一个人学习外语的最佳时期是在儿时。把握好这个时期，不仅外语学起来比较容易，发音也比较地道。同时还能锻炼孩子的适应能力，所以我认为让年幼的孩子去留学不失为一个好办法。

만약 경제적 여건이 된다면 어릴 때부터 유학을 하는 것도 나쁘지 않다고 생각합니다. 요즘 같은 글로벌 사회에서는 외국어 능력이 아주 중요해 졌습니다. 외국어를 배우는 가장 좋은 시기는 어릴 때입니다. 이 시기에 외국어를 배우면 보다 쉽게 습득할 수 있을 뿐만 아니라 발음도 네이티브처럼 정확합니다. 또 아이의 적응능력을 키울 수 있어 어린 나이에 아이를 유학 보내는 것도 좋은 방법이라고 생각합니다.

2）我认为不应该让孩子在很小的年纪就留学，因为虽然学习外语也很重要，但是母语学习也同样重要。在孩子还未有熟练地掌握母语和祖国文化的情况下就让他们留学，可能会导致孩子的母语能力低下，不能正确地理解自己国家的文化，无法适应国内生活。因此留学也应该在孩子形成了完整的世界观价值观以后再去。

저는 어린 나이에 유학을 보내면 안 된다고 생각합니다. 외국어 공부를 하는 것도 중요하겠지만, 모국어 공부도 중요합니다. 아이가 완벽하게 모국어를 하고 자국의 문화를 제대로 이해하기도 전에 유학을 보내면 아이의 모국어 능력이 떨어지게 될 것이고, 자기 국가의 문화를 제대로 이해하지 못해 국내생활에 적응하지 못할 수 있습니다. 때문에 아이가 정확한 세계관, 가치관을 가진 후 유학을 보내야 한다고 생각합니다.

3. 韩国是第一个实行"网络实名制"的国家，你如何看待这一制度呢？

한국은 세계에서 처음으로 '인터넷 실명제'를 실시한 나라입니다. 당신은 이 제도에 대해 어떻게 생각합니까？

答：1）现在在网络上有很多恶意的留言，人肉搜索这样的不文明行为，严重影响了网络世界的正常秩序。因此我认为应该使用"实名制"这样的制度来约束人们的行为。特别是不能让青少年肆无忌惮地上网。所以有必要监管措施。

지금 인터넷에는 악성댓글 및 신상털기와 같은 예의 없는 행동이 많아, 사이버공간의 정상적인 질서에 심각한 영향을 끼치고 있습니다. 때문에 '실명제'와 같은 제도로 사람들의 행위를 규제할 필요가 있다고 생각합니다. 특히 청소년들이 마음대로 인터넷을 하지 못하도록 해야 할 것입니다. 그렇기 때문에 이는 반드시 필요한 규제 조치라고 생각합니다.

2) 我认为"网络实名制"治标不治本，没有从根本上解决网络上的诸多问题，反而使网民使用网络变得繁琐，还增加了个人信息被泄露的可能性。规范网络秩序固然重要，但是应该使用一种更加安全的方法。

저는 '인터넷 실명제'는 형식적일 뿐, 인터넷에 있는 여러 가지 문제를 근본적으로 해결하지 못하고 있다고 봅니다. '인터넷 실명제'는 네티즌의 인터넷 사용을 더 번거롭게 했을 뿐만 아니라, 이 정책으로 인해 개인정보 유출의 가능성이 더 커지게 되었습니다. 인터넷 질서를 규범화하는 것도 중요하겠지만, 더욱 더 안전한 방법을 사용해야 한다고 생각합니다.

4. 你有没有在使用智能手机，你觉得智能手机给你带来了什么？

당신은 스마트폰을 사용하고 있습니까? 스마트폰은 당신에게 무엇을 가져다주었습니까?

答：1) 智能手机刚一上市我就买了一部。自从换了智能手机以后，不仅可以用手机打电话，还可以随时随地地上网，拍照。。。等等，有很多的功能变得非常的方便。现在如果没有智能手机我可能没有办法生活。

저는 스마트폰이 출시되자마자 사용하기 시작하였습니다. 스마트폰으로 바꾼 후 핸드폰으로 전화를 할 수 있을 뿐만 아니라 수시로 인터넷을 사용할 수 있고 사진을 찍을 수 있어 아주 편리합니다. 만약 지금 스마트폰이 없다면 살지 못할 것 같습니다.

2) 智能手机虽然很方便，但是我仍然还在使用传统的手机。因为使用智能手机费用比较高，而且很容易沉溺于手机而影响到正常的生活。所以我还不想换成智能手机。

스마트폰이 아주 편리하긴 하지만, 저는 여전히 기존의 핸드폰을 사용하고 있습니다. 스마트폰을 사용하는 비용이 조금 높고 쉽게 중독되어 정상적인 생활에도 영향을 끼칠 수 있어 아직 스마트폰으로 바꿀 생각이 없습니다.

6부분

1. 你和孩子在饭店吃饭的时候，孩子不小心打碎了饭店的杯子，你怎么解释？

당신이 아이와 식당에서 밥을 먹을 때 아이가 실수로 컵을 깼다면, 종업원에게 어떻게 얘기해야 할까요?

1) 真是对不起，我的孩子太淘气了，我一时没有管好我的孩子。孩子还小请你们不要见怪。我会好好儿教训他的。

정말 죄송합니다. 아이가 장난이 심해서 제가 단속을 잘 못했습니다. 아이가 아직 어리니 너무 탓하지 마세요, 제가 잘 타이를게요.

2) 真是对不起，刚才我的孩子不小心打碎了你们饭店的杯子。这里由我来收拾吧！还有，这个杯子多少钱啊？我赔给你们吧。

정말 죄송합니다. 방금 아이가 조심하지 못하고 컵을 깼습니다. 여기는 제가 정리할게요, 그리고 이 컵 얼마예요? 제가 배상해 드릴게요.

2. 你的朋友对现在的工作不太满意，想换工作，你会对他说什么呢？

당신의 친구가 지금의 직장에 대해 만족하지 못해 이직하려고 합니다. 당신은 친구에게 뭐라고 말할 것입니까?

1) 我劝你还是好好想想吧，你在现在这个公司工作了很多年了，工作稳定，待遇也不错。更何况你刚升职不久。如果换一个公司的话，不但要适应新的环境，各方面可能还没有现在这么好。所以，如果你有什么不满意的地方和你的上司好好谈谈，对于跳槽，我劝你还是慎重吧。

조금 더 생각해 봐, 지금 회사에서 오래 일해서 자리를 잡았고, 연봉도 괜찮은 편이고, 또 얼마 전에 승진도 했잖아. 만약 이직을 하면 새로운 환경에도 적응해야 하고 여러 부분에서 지금보다 못할 수도 있으니, 불만이 있으면 상사와 잘 이야기해 보고 이직에 대해 신중하게 생각해 봐.

2) 我觉得良禽择木而栖，如果你觉得现在的公司不太理想，又有更好的选择话，
就勇敢地向前冲吧。免得将来后悔，年轻的时候没有好好儿闯一闯。
不论你做真么决定作为朋友我都支持你。

훌륭한 새는 나무를 골라서 둥지를 튼다고, 만약에 지금의 회사가 만족스럽지 못하고 더 좋은 선택이 있다면 용감하게 앞으로 나아가.
나중에 젊었을 때 최선을 다하지 못했다고 후회하지 말고. 네가 어떤 결정을 하든 난 친구로서 너를 지지할 거야.

3. 你的朋友问在新的一年即将来临的时候，问你有什么计划，你怎么说呢？
친구가 당신의 계획을 물었습니다. 어떻게 말하겠습니까?

1) 新的一年，我有很多计划，不论是学习方面还是工作方面。
我希望在新的一年里通过自己的努力更上一层楼。

난 새해에는 공부뿐만 아니라 일적으로도 아주 많은 계획이 있어. 노력을 통해 한층 더 성장했으면 좋겠어.

2) 今年我希望能做一些，一直想做，但是因为种种原因而没能做的事。比如说去旅游、
养一只宠物、学习瑜伽什么的。我希望新的一年能有更多新的体验。

새해에는 계속하고 싶었지만 여러 가지 이유로 하지 못했던 일들을 하고 싶어. 예를 들어 여행을 가거나.
애완동물을 키우거나, 요가를 배우는 것 등. 새로운 한 해에 더 많은 것을 경험하면 좋겠어.

7부분

答： 在我们家里，因为爸爸平时的工作很忙，而妈妈在生了弟弟以后不工作了，所以几乎所有的家
务都是妈妈在做。其实妈妈一直没有什么怨言。可是周末了爸爸明明在家休息没有什么特别的
事，也一点儿也不帮助妈妈。每当那个时候，妈妈都会感到很委屈。有一天妈妈在收拾房间，
而爸爸却躺在沙发上看电视。妈妈很生气，就要求爸爸帮帮她。爸爸没有办法走到了洗衣机
前，洗了衣服。但是爸爸从来没有洗过西服，所以没有分类，而是把白色的衣服和彩色的衣服
放到一起洗了。衣服是洗了，但是因为彩色的衣服掉色，所有的衣服都被染上了颜色。妈妈很
无奈，从此以后再也不让爸爸做家务了。

우리 집은, 아빠는 평소 회사 일로 바쁘시고 엄마는 동생을 낳으면서 직장 생활을 그만두셨습니다. 그래서 거의 모든 집안일을 엄마가
담당하고 있습니다. 엄마도 이런 가사 일에 대해 불만이 없었습니다. 하지만 주말이 되면 아빠는 집에서 쉬면서 특별한 일이 없어도
엄마를 도와 집안일을 하려 하시지 않습니다. 이럴 때마다 엄마는 서운해하셨습니다. 하루는 엄마가 청소를 하고 있는데 아빠는 소파에
누워서 TV만 보고 계셨습니다. 엄마는 화를 내면서 좀 도와달라고 하셨습니다. 아빠는 어쩔 수 없이 세탁기가 있는 쪽으로 가 옷을
빨았습니다. 하지만 전혀 빨래해 본 적이 없는 아빠는 옷을 분류하지 않고 흰 옷과 색이 있는 옷을 같이 빨았습니다. 아빠가 옷을 다
빨았지만, 색이 있는 옷의 물이 빠져 흰색 옷이 모두 물들었습니다. 그 후부터 엄마는 다시는 아빠에게 집안일을 도와달라고 하지
않으셨습니다.

중국어 말하기 시험 TSC 시험공략

2013년 10월 1일 초판 발행

지은이 I 현영, 박진희
펴낸이 I 임승빈
편집 I 염경용
디자인 I 에이티디자인
일러스트 I 강지혜
펴낸곳 I ㈜이씨케이교육
주소 I [152-880] 서울시 구로구 구로동 1128-3 파트너스타워 2차 401호
TEL I 02. 733. 9950
URL I www.eckedu.com
E-mail I eck@eckedu.com

신고번호 I 제 25100 - 2005 - 000042호
신고일자 I 2002. 2. 15
ISBN I 978-89-92281-19-5
정가 I 15,000원

이 도서의 국립중앙도서관 출판시도서목록(CIP)은 서지정보유통지원시스템 홈페이지(http://seoji.nl.go.kr)와 가자료공동목록시스템 (http://www.nl.go.kr/kolisnet)에서 이용하실 수 있습니다.
(CIP제어번호: CIP2013017077)